VERÓNICA DE LAS FLORES

LA PURÍSIMA

LEYENDA

Jorge Alberto Quiroga Malo

Índice:

A:

Ana Lucía

La Voz

Prólogo

Puntual como los carteros de antes, llegó Jorge Alberto a este mundo un doce de noviembre del taurino año de 1943. ¿Por qué taurino? No viene al caso. Lo importante es que también puntual, llega Verónica de las flores, esta novela. Obra que transcurre en el entorno de época decimonónica, donde las vidas y haciendas fueron de grandes inspiraciones literarias. Para ningún escritor le sabe desconocido lo que las abuelas contaban en tardes mortecinas, a la luz de candelas de parafina que emanaban olores fijos, ya instalados en las terminaciones olfatorias como tatuajes que se conectan a imágenes reproducidas en papel.

Diego, el personaje principal del texto, es sin lugar a dudas el antecedente histórico de los mexicanos que no se rajan ni con un toro de Miura enfrente. Incansable, e insaciable. Contrasta con el menor, Ángel, presa del cortejo de mujeres hermosas y tranquilas que no le mueven el piso, contraparte de las que anhelan al tempestuoso Diego, arrebatadas e intrépidas que le temen en momentos álgidos y lo aman, muy poco, en otros.

Impera en esta obra de Jorge Alberto, la esencia pura del olor a tierra, tabaco y alcohol, entre los hedores de caballo fueteado hasta la congestión, y la sangre de gallos que mueren en la raya, como debía de ser. Pasiones íntimas de un México pre revolucionario donde se iban madurando los caracteres recios del indio esclavo de calzón de manta. Las haciendas fueron recolectoras del rencor que se desbordaría en furia y violencia pasado el tiempo.

En el escenario que Jorge nos instala, hallaremos tanto el sentimiento puro, la nobleza, el perdón así como la ira obcecada y la pasión que efluye entre párrafos cargados de emotividad. Campea la mentira sórdida, esa que hiere al más taimado de los seres humanos pero que su desvelo resulta terriblemente difícil. Aflora la fe de la religiosidad propia del fin del siglo diecinueve personificada en la silueta grácil de Verónica. Otro nombre no pudo haber tenido la monja.

El Matador Jorge Alberto -como le digo afectuosamente en tardes madrileñas de toros, tintorrios y jamón serrano-, carga un bagaje de experiencia de tal peso, que más bien se asemeja a una mole del tamaño de la Catedral de Barcelona. Le faltó ser banquero o paracaidista. La primera profesión, hubiera sacado de mil apuros a propios y extraños, por su nobleza y generosidad. Con la segunda e intrépida, igual ya no hubiésemos disfrutado de ésta y otras novelas que tiene en su acervo de escritor prolijo, que cada día emerge con un estilo depurado y totalmente propio.

Esta novela de Quiroga Malo, Verónica de las flores, nos traerá evocaciones de Heraclio Zepeda, de Vasconcelos y del mismo Arreola. Escritores costumbristas que dieron simiente a una generación de cuentistas estupendos que hoy disfrutamos tanto.

Demos paso a la narrativa de Jorge, dejemos que el ambiente de su obra nos impregne con aromas del pasado. No perdamos la oportunidad de conocer sus personajes cargados de emotividad. Después de su lectura, estoy cierto que muchos querrán buscar sus obras anteriores, para conocer a un escritor que decidió avecindarse en esta tierra del Gran Tunal y que con algunos resabios de su talante chilango, se ha enclavado en la sociedad literaria potosina como un personaje importante más.

Dr. Pedro Alfonso González.

San Luis Potosí, Primavera 2018

Indicio.

Diego sentado en un sillón frente a Verónica, despatarrado miraba y gozaba con cruel regocijo del sufrimiento emocional de la novicia, quien tiritaba de pies a cabeza mientras él, se complacía de tal perversión y libaba tequila incesantemente.

En medio de este desenfreno el hombre se abrió el pantalón y dejo al descubierto su fálica masculinidad.

- ¡Encuérate!

Le gritó mientras se masturbaba, al ver que ella se quedaba paralizada por su descaro, remachó la orden:

- ¡Encuérate, pendeja! ¡Rápido!

El insulto rechinó en los oídos de la novicia, que resuelta se encaminó hasta donde aquel tipo le amenazaba con su virilidad expuesta.

Lo vio fijamente y temblando decidió ir plena a su inmolación voluntaria. Pensó en las monjas y los enfermos, y en ese momento, en su mente, como exhalación, apareció la imagen de Ángel, el ser que tanto amaba y a quien nunca le confesó su amor, que ahora se extendía aún más allá de la vida y la muerte.

Diego, en ese momento sentía que había llegado a su máximo nivel de paroxismo y que no resistiría mucho sin explotar, por lo que nuevamente le gritó ahora con más violencia el mismo insulto…

- ¡Encuérate pendeja!

En un santiamén, la monja se sacó la blanca túnica por la cabeza y quedó frente al hombre con el busto envuelto en una tela que lo aprisionaba. Diego se levantó del sillón. Divertido y exhibiendo su desnudez, liberó los oprimidos pechos del lienzo que escondía la belleza tan deseada por él. Los besó, los pellizcó, con desprecio los mordió. Sin más le arrancó violentamente la última prenda de manta que resguardaba la intimidad de la virgen…

Hacienda La Purísima.

La vida en La Purísima era muy sencilla. Sin ser una gran hacienda, producía el suficiente agave azul tequilero además de plata de la mina como para sostener a las 30 familias que de ahí dependían las que vivían dentro de la propia hacienda, propiedad de un hombre de trabajo y lucha: Don Francisco Montalbán García y Ontiveros, descendiente de alguno de aquellos aventureros españoles que vinieron a América y que fundaron lo que hoy es Guadalajara, en el estado de Jalisco, donde a través de los años en las llanuras que rodean aquella ciudad, florecieron las haciendas de éste tipo.

Don Francisco Montalbán contrajo matrimonio con una dama zacatecana de familia ilustre, forjada en la instrucción cristiana desde muy pequeña cuando fue educada en un colegio de monjas. Mujer de buenas costumbres, casta, respetuosa de las creencias y tradiciones familiares, obedeció el deseo de su padre de contraer matrimonio con Don Francisco, cuando ella cumplía apenas los 17 años, el pretendiente trató muy poco con ella; lo hizo más con el futuro suegro, quien inflexible manifestó estar de acuerdo con tal matrimonio, a pesar de que el pretendiente, fuera 27 años mayor que su hija Ángela.

Debido a la situación económica que padecía él y su familia en aquellos momentos, ya no le podía asegurar una mejor calidad de vida para ella, porque el viejo negocio de semillas había pasado al olvido y la ruina; desde que los pequeños agricultores fueron sucumbiendo ante la ambición insaciable de muchos terratenientes, que agobiaban aún con tiendas de raya a los campesinos que se rendían agobiados por las deudas y les usurpaban tierras, convirtiéndolos poco a poco, en tanto menos que esclavos, oprimidos por la terrible miseria, las injusticias, las enfermedades, la total desnutrición, el abandono y la pobreza.

Cuentan que la belleza de Ángela del Prado Bonfil no era deslumbrante, sin embargo a los 17 años todas las mujeres son hermosas, sobre todo cuando en su corazón, como el de Ángela, no existen las pasiones ni los sentimientos groseros, a más de la frescura del rostro, la belleza de sus ojos claros, y la delicadeza de manos, la hacían una criatura atractiva y dulce.

Don Luis del Prado murió al poco tiempo después de haber visto casada a su hija, entonces Doña Margarita Bonfil ahora viuda de del Prado, fue a vivir a casa de la hija en la hacienda La Purísima, donde se convirtió en un ser, ocupada invariablemente en ser útil primero a su hija adorada y, después a sus dos nietos desde que ellos nacieron.

Ángela del Prado aceptó el destino como le tocó y lo vivió con serenidad, discreción y acatamiento. Nunca fue la esposa de Don Francisco Montalbán más allá de aquellos deberes imprescindibles y de las obligaciones sociales. En la intimidad marital con él, disimulaba y lo sobrellevaba con prudencia, pudor y fidelidad.

Dos años después del matrimonio religioso, nació Diego. La hacienda de La Purísima se llenó de luz con la presencia de este pequeño que desde su nacimiento se convirtió en el orgullo del padre, en los ojos de la madre y en las alas de la abuela, la que le enseño a volar en un mundo de ilusiones. Diego, crecía día a día acostumbrado al sol de Jalisco, fortalecido por el campo verde del agave y los maizales. Los juguetes preferidos del niño, perdurablemente fueron los caballos, sus compañeros los animales y el mejor amigo, un perro, de raza pastor alemán fiel, noble y bravo que respondía al nombre de Nopal.

Cinco años después, nació Ángel; un pequeño de piel blanca y ojos verdes que desde que arribó al mundo, dio muestras de ser completamente diferente al hermano mayor. De salud no tan recia como la del fraterno, poco podía resistir los cambios bruscos de temperatura, ni asolearse, tampoco curtirse al sol sin padecer irremediablemente las consecuencias como insolaciones, resfriados y otros padecimientos que el hermano mayor jamás sufría.

Ángel endeble de salud y fortaleza física. Diego de cuerpo recio y sano, marcaba la principal diferencia entre los hermanos. Mientras uno era feliz en el campo con potros y el perro Nopal, el otro prefería las lecturas, el piano y el cuidado de las orquídeas. En tanto uno criaba gallos de pelea, el menor se ocupaba en palomas mensajeras. En la escuela el hermano mayor cumplía simplemente, mientras el más chico, invariablemente era el primero de su clase.

Estas circunstancias fueron generando que las preferencias de Don Francisco se inclinaran por el primogénito, limitando en atenciones y cariños al pequeño Ángel, quien, en compensación, obtenía los favores de su madre; sin embargo, la relación entre ambos hermanos si bien, no era muy intensa, habitualmente compartían algunos tiempos comunes en los que platicaban sobre sueños y preferencias.

En este ambiente de positiva fraternidad familiar, pasaron los años de la infancia y llegaron a la adolescencia, en donde empezaron a separarse poco a poco, Ángel no entendía nada de las inquietudes de su hermano, es más, le parecían bastante aburridas e incomprensibles, en tanto Diego por su parte veía los juegos del consanguíneo como niñerías tediosas y molestas, por lo que se burlaba constantemente del Benjamín de la familia, lo que al hermano menor no le importaba mucho, él seguía atento a sus lecturas y a su música.

La que mejor podía armonizar las relaciones entre los hermanos Montalbán, era Doña Margarita la abuela, la única capaz de unirlos y sentarlos en la mesa. Desayunaban, comían y cenaban juntos la mayoría de las veces con su madre, eventualmente en especial todos los domingos, con la austera presencia del amo de la hacienda, Don Francisco, el que poco hablaba con la familia y menos con las mujeres, a las que consideraba con respeto, pero a las que ignoraba en cualquier situación que no fuera las escenarios domésticos, de los que nunca opinaba, incluyendo en esto también, todos los temas relativos a la educación de los hijos; desatendiéndose invariablemente de los aspectos religiosos de los estudios y las conductas hogareñas de los muchachos, responsabilidad que recaía plenamente sobre las mujeres de la casa.

A los diez y ocho años, Diego ya era un joven fuerte, alegre y lleno de vida, que vivía su juventud en plenitud, trabajando en el campo de agaves y cuidando los intereses de su padre en la mina de plata, la que con tal entusiasmo y entrega de parte del joven, progresaba día a día.

Pretensioso y seguro de su porte y virilidad, se relacionaba con las mujeres más bellas de Atotonilco, Guadalupe, Arandas y otros pueblos de los Altos de Jalisco, donde poco a poco se fue ganando la fama de conquistador y mujeriego.

Cuando Diego apenas cumplía veinte años de edad, unos cuantos días después, Don Francisco Montalbán, encontró la muerte repentina a causa de un infarto al corazón, acontecimiento que cimbró hasta las raíces a La Purísima, provocando que mucha gente viniera desde los alrededores y de la misma capital del estado, para dar el pésame a la familia, a la viuda y a los dos hijos huérfanos además de participar personalmente en las exequias de tan afamado caballero, aparte de la misa a cuerpo presente, se realizaron nueve misas solemnes en la capilla de la hacienda, la campana de la torre de la iglesia sonaba constantemente a duelo. La viuda y sus dos hijos presidieron todas las honras luctuosas con estoica serenidad.

Ángel después de estar presente en todas las honras a su padre, regresó a la capital del estado a seguir estudiando. Desde entonces Diego como hijo mayor, se convirtió en el amo de la hacienda. En tanto Ángel continuaba cursando medicina en Guadalajara, de donde ya no regresaría hasta verse convertido en médico, lo que acrecentaría el orgullo de la madre y la abuela, generando cierto distanciamiento entre los hermanos.

La Purísima, como hacienda tequilera, ocupaba una gran extensión de terreno en la meseta de los Altos. Contaba con pozos propios que le facilitaban el agua en cantidad y calidad suficiente para colmar todas las necesidades agrícolas y mineras, de tal manera, que las tierras eran lo suficientemente fértiles para que el preciado líquido se ocupara con cuidado y devoción.

La hacienda fue construida a principios de mil ochocientos, por los abuelos de Don Francisco. Los hermanos Diego y Ángel Montalbán, representaban entonces, la cuarta generación que crecía en esa propiedad y por consecuencia lógica los herederos de tal fortuna, de las tierras y el fundo de la mina de plata que era rica en tal mineral.

En aquellos tiempos, el abuelo de Don Francisco, a petición del obispo de Guadalajara, cedió un trozo de terreno en el lado poniente al final de la hacienda, a una congregación de religiosas que deseaban fundar un convento donde las jóvenes novicias se prepararan para una vez coronadas como religiosas, pudieran ayudar a la población indígena de la región. El predio en cuestión, no era mayor a dos hectáreas, mismas que no significaba siquiera una parte importante de la hacienda. Al contrario, era más bien un páramo difícil de atender por su disposición y al que se dificultaba llevar agua.

De tal suerte resultó, que ahí se fundaría un monasterio atendido por religiosas: Hermanas de la Caridad, que ayudadas por algunos hacendados de la región los que vieron en ellas, a las enfermeras gratuitas que podían auxiliar a sus peones que a menudo estaban enfermos, heridos y colmados de infecciones; además, de poder asistir a las mujeres embarazadas de las haciendas, que hasta entonces, invariablemente eran atendidas por viejas comadronas improvisadas, acarreando en muchos casos muertes en alumbramientos difíciles. De ahí que el convento y sus religiosas, fueran recibidas como una bendición que ayudaba al desarrollo de la región.

Con el tiempo, las monjas pudieron domeñar lo abrupto del terreno con manos y ayuda de los peones que invariablemente les facilitaban los hacendados; construyeron un modesto monasterio, una capilla, varias celdas para las religiosas, amén de un área dedicada a la atención de enfermos y el dispensario.

Además, desarrollaron una huerta cuyos frutos les servían para satisfacer las necesidades de las religiosas de algunas verduras, frutas, legumbres y varios vegetales; asimismo contaban de unas cuantas vacas lecheras, cabras, granja de pollos y gallinas; lo que les permitía producir algunos quesos, galletas y dulces, los que eran vendidos en los pueblos del rededor por medio de las novicias, las que se encargaban de ofrecerlos de puerta en puerta, y a la salida de las iglesias de los poblados cercanos los domingos y en festividades religiosas.

El convento siempre se apreció con respeto por los lugareños y las monjas eran estimadas en toda la comunidad. Los hacendados generalmente animados por sus esposas, seguían favoreciendo al claustro con aportaciones económicas y en especial la Purísima, la que proveía entre otras cosas, el preciado líquido cristalino, el agua, que servía para hacer producir las huertas y dar de beber al ganado que se criaba en la granja del monasterio además, para el uso sanitario de enfermos, amén de la higiene personal de monjas y novicias, que si bien no eran muchas, cuando menos sumaban entre quince y veinte mujeres que ahí vivían.

Diego con el paso de los años se fue convirtiendo en un buen administrador, lo que le generaba poder y recursos para avasallar la región, donde sus decisiones y a veces hasta sus caprichos, repercutían en la población, en muchas ocasiones, a quinen causaban dolor y, por ende, rencor entre los lugareños. Sinnúmero de los peones ya le temían y lo respetaban más por desconfianza a sus arranques de ira, bastante frecuentes, que por su autoridad como amo de la hacienda.

Al joven hacendado le gustaban las carreras parejeras de caballos donde en numerosas ocasiones, él mismo montaba sus propios pencos y yeguas, apostaba fuertes cantidades de dinero y de monedas de plata. Frecuentemente ganaba. En las peleas de gallos de los palenques en los novenarios de Jalisco, se presentaba con sus gallos; algunas veces vencían a sus rivales; entonces el engreimiento del amo de la hacienda se acrecentaba a cada minuto con las hazañas de sus aves, caballos y yeguas.

Muchas mujeres lo acosaban, otros hombres le envidiaban y la gente mayor del pueblo, le criticaba sus conductas. Su popularidad crecía día a día. Él divertía a las féminas, galanteaba con todas, las adulaba y después como buen "tenorio", olvidaba todo.

Ángela la madre lo observaba desde lejos y cuando eventualmente le llamaba la atención por algunos de esos excesos, Diego contestaba con altanería y soberbia; a la única persona que le toleraba ciertas recriminaciones por tales exuberancias, era a la abuela, parecía que era la señera autoridad de la dama, la que el joven, respetaba, aunque poco después olvidaba lo que había escuchado.

Diego y Ángel.

Una mañana de primavera, la hacienda la Purísima se despertó de fiesta. Ángel, el hermano menor, regresaba, después de muchos años de ausencia a la casa materna, ahora convertido en médico. Las mujeres de la familia, no ocultaban su felicidad y habían ordenado preparar un verdadero festín al que tendrían acceso todos los peones, con hijos y esposas, por lo que el gran casco de la hacienda se adornó con guirnaldas de flores y de papel picado de vivos colores.

Las encargadas de la cocina, se apresuraban a preparar el mole, el pozole y los tamales. Algunos hombres traían barricas de tequila y aguamiel, la horchata y el agua de jamaica, lucían en vitroleros de vidrio brillantes, cientos de tortillas se preparaban con el nixtamal que se cocían en grandes comales; en enormes cazuelas, el arroz se guisaba con pollo, chicharos y zanahorias generando todo ello, una gama deliciosa de aromas mezclados entre el mole poblano, el chocolate, las especias, el nixtamal, el caldo de pollo con recaudo de verduras, sin faltar, los dulces de leche y el pan de huevo.

Las mesas lucían con manteles blanquísimos, servilletas de colores vistosos rojas, azules y amarillas, que hacían resaltar la belleza natural del lugar. En jaulas colgadas de las paredes, canarios trinaban alegres, se alborotaban ante tal movimiento inusual en la perpetua de la tranquilidad del lugar.

Los mariachis con sus clásicos trajes de gamuza bordados, afinaban sus instrumentos y esperaban la orden para entonar los tradicionales sones jaliscienses que, sin lugar a dudas, estimularían la alegría de los comensales del convivio.

A las doce en punto de la tarde, un carruaje se detuvo frente a la reja principal de la hacienda, apareciendo la presencia esbelta del joven médico que luciendo una indumentaria citadina, mostraba su sorpresa cuando el mariachi de inmediato, entonaba una diana estruendosa y los convidados al ágape, se ponían de pie para bridarle una sonora ovación.

Con un nudo en la garganta y ojos anegados de lágrimas, Ángel sonreía. Cohetes explotaban en el cielo, los brazos de Doña Ángela y Doña Margarita, se extendieron para dar el abrazo de bienvenida al hijo y nieto que, habiéndose ido casi niño, regresaba como apuesto hombre, convertido en un flamante médico.

El encuentro con las mujeres fue apoteósico, los aplausos de aquellos invitados no cesaban, gritos desafinados que expresaban su emoción: ¡viva el "dotor"!, las voces de los peones y jimadores se repetían incesantemente. El mariachi frenético, tocaba sus mejores acordes; algunos trabajadores, que habían visto crecer al joven doctor, gritaban aclamaciones con su nombre y lanzaban sus sombreros al aire.

Las muchachas jovencitas se emocionaban, se daban de codazos mutuos, para comunicarse sus bromas expresadas en medio de risas y deseos contenidos de acercarse al bienvenido. El párroco Don Anselmo presumía, se mostraba muy orgulloso a todos les comentaba que él, precisamente él, lo había bautizado de bebé, como también le había dado la primera comunión el día de la Virgen de Guadalupe; el curita del pueblo, se creía que Ángel era su obra de arte, a todos les platicaba anécdotas de Angelillo, desde que le ayudaba en la iglesia como monaguillo cuando cantaba en el coro los domingos y en las pastorelas de navidad.

En medio de tal algarabía en la que todos reían hablaban, en un santiamén unos y otros se fueron quedando en silencio, hasta el mariachi guardó silencio. Ángel sorprendido de tal mudez, volteó a ver la puerta del casco, hacía donde todos miraban en suspenso.

Ahí estaba el amo, su hermano Diego, vistiendo un traje de charro de faena campera, con sombrero campirano de palma calado hasta las cejas, el barbiquejo de gamuza sujetado en el mentón, con una fusta en la mano, reluciendo espuelas de plata, cinto de cuero piteado, pistola pavonada con cacha de cuerno de venado enfundada a la cintura, observando inmóvil y seguro, esperando, aguardando su tiempo, arrogante, altivo seguro de sí mismo.

Los ojos de los hermanos se encontraron, nada se dijeron durante unos largos segundos en los que el silencio fue más espeso, hasta que Diego, lanzó un grito de alegría, brincando de su potro, fue corriendo a abrazar a su hermano, Ángel, sonrió, el abrazo fraternal agradó a todos, si bien el médico, era un poco más alto que su hermano, Diego era notoriamente mucho más fuerte comparado con la figura grácil del joven recién llegado, por lo que el mayor le dio vueltas en circulo mientras se abrazaban, lo que generó una nueva explosión de alegría entre los presentes, que dieron rienda suelta a sus sentimientos brindando los mayores con tequila o pulque y los chamacos con horchata o agua de jamaica.

Todas las muchachas se apresuraron a rodear a los hermanos que se miraban a los ojos y sonreían, sin escuchar ellos a nadie, sin que nadie oyese nada, de lo que en ese momento se decían entre sí.

El jolgorio se prolongó toda la tarde hasta entrada la noche, se brindó por los viejos tiempos de la niñez, por la memoria de Don Francisco Montalbán, hasta por el abuelo don José Trinidad Montalbán, también por el padre de éste Don Tarsicio Montalbán, fundador de la hacienda y de la dinastía Montalbán, a la que muchas damas jóvenes de la región, ya deseaban integrarse y acrecentarla a través de conquistar los favores nupciales de cualquiera de los hermanos célibes para con ello, perpetuar la dinastía de tan insignes ancestros, por lo que casi nunca faltaban suspirantes dispuestas a pugnar y competir en tan singular certamen, ya que sin lugar a dudas en la hacienda La Purísima, residían los dos mozos más ambicionados por las damitas casaderas de todos los Altos de Jalisco; no sólo por su gallardía física, que en ambos jóvenes era muy atrayente para las gurruminas solteras de la región, sino además, por su estabilidad económica, posición social, amén de la simpatía de ambos que en ellos era un dejo natural.

Por lo que en esa tarde al son de la música del mariachi, los hermanos Montalbán, fueron bailados por una cantidad formidable de pretensas que exhibían su mejor sonrisa, simpatía y amabilidad a cada uno de ellos, sin olvidar inclinarse ante la madre o la abuela de tan apetecidos hermanos, las que contentas observaban la coquetería hasta cierto punto ingenua con que las chicas que rivalizaban entre sí, para permanecerse al final de la pieza musical con alguno de los hermanos evitando con ello, que en el baile calabaceado, no les tocara quedarse con la escoba, porque entonces tendrían que entregar una prenda y después, serían víctimas de un "castigo" por parte de los participes del guateque.

Ya entrada la noche cuando se fueron los últimos invitados y únicamente quedaron unos cuantos peones que, borrachines, se vilipendiaban unos a otros, mientras sus mujeres los llevaban a empujones regañándolos a su casa para que durmieran la mona, porque mañana había que trabajar como todos los días, la madre y la abuela de los muchachos, se retiraron a descansar muy satisfechas de la fiesta de bienvenida.

Los hermanos permanecieron platicando largo rato en soledad, sentados en unos equipales en el porche de la parte de atrás del casco, al frente de la oficina que en vida, había sido del padre de ambos y que ahora ocupaba Diego, quien ahí se regodeaba fumando un aromático puro a las puertas de su sitial. Desde ahí él, llevaba el control de la mina, de los campos de cultivo y de la destilería del tequila. Se sabía el señor de la hacienda; por su mente pasaban en torrente pensamientos de poder y riqueza.

A ratos se paseaban por el jardín posterior para estar frescos, platicar de recuerdos de antaño o de cualquier otra cosa sin importancia, ya que Diego ni remotamente pensaba compartir con su hermano ninguna información relacionada con la hacienda.

Su oculta intención, era fijarle una cantidad económica a su hermano para que aquel pudiera vivir tranquilamente y, si así lo deseaba, practicar la medicina allá en la ciudad de Guadalajara o donde, se le pegara la gana, pero lejos de la hacienda. Esa sería decisión de Ángel, pero de lo que si estaba seguro Diego, es que no pensaba permitir que su hermano, se quedara mucho tiempo en casa y menos que interviniera en las decisiones donde sólo él, era el amo y señor.

Ángel no tenía la menor intención de intervenir en la vida de la hacienda de ninguna manera que no fuera aquella que contemplaba la atención a la salud de su madre y la abuela. Por lo demás, la parte económica no le preocupaba nada, ya que siempre, infaliblemente, primero su padre y después Diego, le habían proveído del suficiente dinero para vivir con comodidad y dedicar su esfuerzo y tiempo a aquellos menesteres que a él le suministraban complacencia, como lo era el estudio de la medicina y de la música. De la primera había alcanzado ya el título de Médico y de la segunda, su habilidad para tocar el piano se había perfeccionado en la técnica de manera tal, que eventualmente ya daba conciertos en algunos sitios culturales de Guadalajara.

Así que, sin tener necesidad de hablar de nada concerniente a la Purísima, parecía que había un acuerdo tácito que facilitaba la relación entre hermanos, por lo que con una copa de brandy cada uno y un tabaco en la boca de Diego, acompañado la charla, contemplaban la luna alteña que tiene un resplandor singular, colgada del cielo azul intenso arrebujado de estrellas de aquella región de Jalisco.

Las semanas y los meses que siguieron de aquella primera noche, fueron de un redescubrimiento de ambos y de la familia completa. Diego continuó con su trabajo cotidiano, sus actividades festivas en los pueblos de la región, donde ya aprecian sus gallos de pelea que acrecentaban su incipiente fama de gallero; sus caballos ganaban las parejeras, todo esto para Ángel, no fue realmente ninguna novedad. En muy contadas ocasiones fue testigo de aquellas hazañas, ya que no le era atractivo el espectáculo de los gallos, las carreras le aburrían, y lo que menos le gustaba era la fiesta que seguía invariablemente a tales festejos, donde había cualquier cantidad de tequila amén de mujeres que lo asediaban sin escrúpulos las que posteriormente, recibían dádivas económicas de Diego para que ellas atendieran a su hermano menor. Sin embargo, Ángel, nunca le hizo algún comentario a nadie, simplemente trataba de evitarlo.

Para Diego que su hermano no compartiera esos gustos no era ninguna novedad, desde niños siempre había sido así, de manera que cuando el chico se desaparecía del festejo, él se sentía incluso más animado para prolongar las juergas y los desmanes, libre ya de la mirada supuestamente inquisidora de su carnal, dando rienda suelta a su alegría y felicidad.

Ángel estaba fascinado con los "tesoros" que descubrió en la biblioteca de su casa, a la que nunca antes su padre le había permitido el acceso; por lo que aquella permaneció custodiada tras las puertas de cristal biselado de los libreros durante muchos años. También tecleó algunas noches el piano de su madre, el cual sonaba maravillosamente, sorprendiéndose de que habiendo estado en silencio durante tanto tiempo, estuviera en afinación casi perfecta. Asimismo dedicó algún tiempo al cuidado de la salud de la abuela, que por la edad, el trabajo y el abandono constante, ya le aparecían barruntos de agotamiento y cansancio, mientras su madre, no dejaba entrever ningún quebranto de energía y, si padecía algunos dolores, los soportaba en silencio.

De igual manera atendió a varias mujeres esposas, hijos y madres de los peones además de algunos trabajadores de la hacienda de manera eventual.

Su fama de buen médico corrió como reguero de pólvora y, pronto, por las poblaciones cercanas a La Purísima, todo mudo hablaba de su calidad de doctor y hasta de los "milagros" que realizaba. Tal notoriedad llegó a oídos de la R.M. María de la Luz, superiora del convento de las Hermanas de la Caridad, así que no pasó mucho tiempo para que esa mujer, se presentara en la casa mayor, para rogar a Ángel, a través de doña Margarita, les auxiliara en la atención de los enfermos que estaban internados en el área del dispensario del convento, dedicada a sanatorio.

El médico recordaba que de niños él y su hermano, además de algunos otros chamacos del rancho, iban a bajar frutos de la enorme higuera que había en el claustro y cuyas ramas rebasaban las paredes del sitio, sin embargo, nunca había entrado al claustro.

Animado por su madre y estimulado por las palabras de la abuela, pronto se encontró atendiendo enfermos y dando consulta gratuita en el dispensario del convento.

Pudo tomar conciencia de las condiciones difíciles de trabajo de los peones y de la nula higiene y nutrición en la que viven los niños de las haciendas. Si bien es cierto que los jornaleros de La Purísima recibían mejor trato que los de otras plantaciones y minas vecinas, las circunstancias de salud física de los mineros, si eran en verdad muy deplorables, esto básicamente debido a que cada vez era más difícil llegar a las vetas de mineral, pues estas se localizaban ahora, a profundidades tales, que la respiración era muy complicada para los mineros, originando con ello, enfermedades pulmonares que les inutilizaban para tal trabajo y les acortaban la vida irremediablemente, a grado tal, que los obreros difícilmente superaban los treinta y cinco años de existencia.

Para Ángel la vida tan pasiva del campo, sin disgustarle, le frustraba un poco, definitivamente sus ambiciones eran por alcanzar las especialidades médicas europeas, especialmente, las alemanas y suizas que marchaban a la vanguardia mundial en medicina. Esos proyectos los habían ocultado siempre a su familia, ya que no deseaba inquietar a las damas de su vida, de ahí que tampoco correspondiera a las insinuaciones insistentes y coqueteos de las damitas casaderas de la región, a efecto de evitar con ello hasta el menor compromiso que le impidiera realizar su sueño de cruzar el Atlántico para estudiar.

Una mañana de domingo, durante las fiestas de Ameca, Diego, llevó varios caballos a correr contra los de la hacienda del Pedrero. Las primeras dos carreras los caballos del joven Montalbán las ganaron fácilmente; sin embargo, en las tres siguientes, fueron vencidos no sin cierto esfuerzo de sus rivales. Se habían pactado seis carreras y Diego a esas alturas estaba muy enojado, insultó y hasta le dio de fuetazos a Erasmo uno de sus jinetes, acusándolo de haber soltado muy pronto a la potranca que montó y que por ese motivo habían perdido la carrera.

El caso es que en aquel momento únicamente faltaba una galopada. Diego retó a grito pelado a Anacleto Pedrero, quien era el patrón de la hacienda con la que estaban compitiendo los de La Purísima, este era un hombre bragado, recio, que de ese asunto de los caballos sabía la legua, sin embargo se negó a aceptar el desafío, pero le propuso que se jugaran en una sola carrera todo el dinero y que además, le pusieran mil reales de plata más, Diego, ofendido por el desprecio de Anacleto, aceptó el desafío; decidió que él montaría a su yegua alazana: Paloma. Filomeno Pantoja, entrenador de sus caballos le dijo en voz baja, que se abstuviera de montarla porque sería darle mucha ventaja al Ruiseñor, potro rival en la competencia, dos años menor que la Paloma y que además el jinete que correría por los Pedrero, era un muchacho muy delgado y buen montador, con quince o veinte kilos menos que Diego. Éste dijo un montón de sandeces y decidió jinetear a la yegua en la carrera.

Diego perdió la corrida. El coraje que traía le hizo desarrollar una estrategia equivocada, soltó desde el principio a la potranca y finalmente la potranca no pudo soportar el paso a la que fue sometida con un jinete, veinte kilos más pesado que el que montaba al Ruiseñor, que llegó sobrado a la meta con casi un cuerpo de ventaja sobre la Paloma.

La gente se amontonaba y cobraban sus apuestas, muchos le habían apostado en su contra, sabían que perdería esa carrera porque, por mucho que alardeara Diego, el muchacho que guió al triunfo al Ruiseñor, además de ser más delgado, era experto corredor.

Cegado por la rabia, Diego, se apeó de la potranca que echaba espuma por la boca debido al esfuerzo y al castigo recibido con espuelas y fusta, sin más, desenfundó su pistola y arteramente le dio un tiro en la cabeza a la potranca.

Filomeno Pantoja lloraba lágrimas de hombre y le espetó en la cara a su patrón… -"Mejor me hubiera matado a mí patrón, y no a ese noble animal"- Entonces dio media vuelta y nunca más regresó a la hacienda, dicen que ni por sus cosas volvió.

Anacleto Pedrero, se paró cara a cara con Diego, y le dijo…- "¡Eres muy poco hombre, tu dinero apesta!"- y le aventó a la cara un puño de billetes.

El joven Montalbán, se quedó trabado en silencio tragando su coraje y frustración y poco a poco se fue doblando hasta quedar de rodillas frente a su potranca muerta. El viento se llevaba los billetes del suelo, mientras que algunos chamacos los recogían emocionados azuzados por sus madres para que los agarraran.

Diego se metió en una casa de citas de por ahí que lo acogió con mucho entusiasmo, donde se hundió en los placeres mundanos que, según él, le darían la opción de ahogar su frustración y dolor por la humillación recibida.

Las mujeres que lo acompañaron durante la juerga ese tiempo, tuvieron que soportar y tolerar sus desplantes e insultos misóginos. Él quería hacer el amor a todas horas pero su cuerpo no le daba la respuesta que él deseaba, y se quedaba dormido en cualquier rincón. Más tarde despertaba delirando, aventando muebles e insultando a las mujeres.

Tres días después Filemón, cumpliendo órdenes de la abuela, fue por él; se lo llevó casi a rastras a la hacienda, no sin antes haber pagado un montón de dinero por los servicios recibidos y los daños ocasionados por el huésped durante la estancia de varios días en aquel lupanar.

Lucero.

En el palenque de Ayotlán, vivió Diego una de sus más aterradoras experiencias, él llegó invitado para jugar nueve peleas de gallos, contra uno de los más afamados galleros de aquellos lares, gente de reputación por tener los mejores ejemplares de pelea, además, famosos por jugar fortunas en la fe de un espolón.

Desde siempre los palenques en Jalisco han sido cosa seria, la crianza de Gallos de pelea, muchas veces llega a ser una forma de afamarse de los hacendados y también de apostar dinerales, en una noche se pueden perder haciendas con campos de agave, animales, casas y hasta mujeres. Los hombres arraigados en esa pasión, extravían con facilidad los límites de la razón.

Diego adquirió ese gusto al poco tiempo de morir su padre; si bien es cierto que ya desde antes acudía durante las fiestas patronales al palenque sin embargo entonces lo hacía con cierta moderación, hasta que consiguió su primer gran ejemplar de clase internacional, fue que su afición por esta pasión, rebasó los límites de la ética y moral familiar.

Pronto se apalabró con un joven gallero llamado Raymundo, poseedor de tres o cuatro gallos y que lo había asombrado por su maravillosa manera de manejar los plumíferos para revivirlos. Después de estarlo observando durante varios encuentros, Le ofreció bastante dinero por sus aves, además de un buen trabajo con casa, y así se lo llevó a vivir a la hacienda. Entre ambos, armaron un criadero de gallos de pelea, con un arillo de arena, mesas alfombradas, jaulas al piso con tierra; además, adquirieron un semental muy afamado por allá en Texcoco.

No pasó mucho tiempo sin que los nuevos pollos alcanzaran la edad de pelear, para comenzar a ganar peleas. Pronto, ya conocidos como los gallos de Don Diego Montalbán, adquirieron más prestigio y fama.

Cuando acudían a los palenques porque sus gallos iban a pelear, Diego se abstenía de beber licor mientras duraba todo el programa, al término de las peleas de compromiso, entonces sí daba rienda a su felicidad, ya que por lo general casi siempre había mucho que festejar, gritaba y fanfarroneaba de su fortuna.

Diego se hacía acompañar a todos lados por bellas mujeres las que se dejaban querer, resistían sin chistar los arranques pasionales, los tragos de tequila, los besos y las bromas del joven hacendado, quien al término de la farra, demostraba su agradecimiento con abundancia económica.

Aquella noche los gallos de la hacienda La Purísima, habían arrasado con los de la finca del Rosedal, los que casi no opusieron resistencia. Sin embrago la gente ya se frotaba las manos de emoción, porque al día siguiente, el mero día de San Juan, volverían a pelear los gallos de Don Diego Montalbán, ahora en un cartel de lujo contra la gallera de: Don Oscar Garrido, personaje de gran prosapia en la región y famoso por sus extraordinarios ejemplares de pelea, los que durante muchos años, fueron los campeones de los palenques en los carnavales de los altos de Jalisco.

Don Oscar era hombre serio y áspero, al que le encantaba apostar muy fuerte, en los últimos tiempos acostumbraba llegar al palenque acompañado de una jovencita muy bella de nombre: Lucero, su ahijada decía él, su entenada, decía la gente y la presentaba como su amuleto de la suerte. La chica sólo servía de eso, de acompañante, no hablaba con nadie ni siquiera a su padrino le dirigía la palabra. Esa noche ella en sus silencios de compañía, observaba al gentío con indiferencia, únicamente se inquietaba con la presencia de Diego, al que desde la noche anterior, veía cantar y vacilar con todo mundo, cuando festejaba con alegría sus éxitos en el palenque.

El joven gallero, vio los ojos de la chiquilla, y le dijo a sus amigos de francachela…-"me he de comer esa tuna, aunque me espine la mano"- y con esa intención fue a retar a Don Oscar con algunas apuestas fuertes, el hombre aquel en principio ignoró las fanfarronadas de su rival del día siguiente, pero después, harto de sus vaciladas y desplantes le dijo

- Venga jovencito aquí nomás atrás, donde nadie nos vea, traiga su testigo que yo llevo al mío.

- Yo le hago el paro a lo que quiera apostar, aquí hay un hombre de huevos, no un chiquillo hocicón.

- Ahora va a tener que demostrar si es en verdad lo que presume o es puro hocicón.

Realmente nadie supo a ciencia cierta lo que apostaron los dos galleros, pero cuentan los que andan en esos menjurjes, que fue seria la cosa, sólo ellos y sus testigos los sabían. Sin embargo todo mundo se hacía cruces por lo que pasaría al día siguiente.

Ray, como le llamaban al gallero de los Montalbán, se ocupaba sólo de las aves y nunca probaba una gota de alcohol, era muchacho tranquilo y modesto; dotado de una mística especial que le permitía una relación casi íntima con los gallos que entrenaba y cuidaba como si fueran sus hijos.

Él observaba las conductas libertinas de su patrón, pero invariablemente guardaba silencio, se ocupaba de su trabajo: sus gallitos.

Aquella noche ya casi de madrugada despúes de haber jugado nueve peleas y alcanzar ocho victorias, siguiendo su costumbre, Ray dormía con un gallito en sus brazos, el único que había muerto en la arena del redondel. Ya antes, con mucho amor, había curado las heridas de las otras aves que aunque ganaron sus combates, difícilmente salían ilesas. Con extremo cuidado aseó las cortadas y cosió los tajos, les puso violeta de genciana y después se durmió junto a sus animales.

Cuando llegó Diego ya olía fuertemente a tequila, lo despertó y abrazándolo y diciéndole…- "Tenga m´ijo-" poniéndole un montón de billetes en la bolsa de la camisa, después le dijo quedito…

- Mañana en la pelea ocho donde combate el Jarocho, mi gallo giro, nos la vamos a jugar.
- Ya aposté un montón de lana contra la Lucero, la ahijadita del viejo Oscar, y yo me quiero comer ese Lucerito o sea.
- ¿Dime qué vamos hacer?"

Ray no le contestó nada a su patrón y guardó silencio por unos momentos, él sabía de muchos trucos para que su gallo peleara mejor, metiéndole cafeína y otras cosas, solamente que si el gallo no podía con su rival en tres minutos o cuatro, corría el riesgo de morir de un infarto.

Se lo explicó a Diego, y éste le dijo…
- "Pues ve que haces y embárrale algo a las navajas y plumas, tú sabes qué menjurjes le pones pero me haces ganar al Jarocho y que se vaya al infierno el Indio, pollo mugroso"-

Ray respondió despacito que aquel gallo había sido entrenado por el Pipi. El hombre que más sabe de gallos en el país, por lo que corrían el riesgo que de ser detectados, se alborotaría en serio al palenque. El patrón se limitó a decir a Ray, que viera qué hacían pero que él, quería a la ahijada de don Oscar, en su cama, la noche siguiente y que para eso, el Jarocho, debía ganarle al Indio.

Al otro día principiaron las peleas como a las ocho de la noche y se fueron mediando las victorias, al grado que al llegar a la octava pelea, la que todos estaban esperando, ya los gallos de Don Diego

Montalbán, llevaban cuatro ganadas y tres perdidas. Parecía que Ray, se había dejado ganar dos de esas tres como para distraer la atención del Pipi, y que, aquel no se diera cuenta que algo le habían puesto a los gallos al momento de alistarlos, dopándolos para que en su encuentro fatal, se les acabara el aire pronto y se entregaran al rival, y así crear un ambiente de seguridad en el equipo rival, esperando que el Jarocho acabara con el Indio rápidamente, y que la gente no sospechara nada que éste gallo llegaba a la pelea, con varias sustancias en su cuerpo para vencer al rival.

En el graderío, los apostadores no se daban abasto para aceptar todas las demandas de los asistentes al palenque que esa noche, estaban muy alborotados corriendo sus apuestas. El tequila y el pulque corrían como ríos, Don Oscar, platicaba y reía con sus allegados, brindaba alegremente con abundantes tragos de tequila.

Diego permanecía serio y aislado en medio de la algarabía, ignoraba los gritos de los que le animaban y que apostaban sus ahorros al Jarocho, el gallo giro de su propiedad; de igual modo hacía caso omiso de los que vociferaban que el Indio cantaría fuerte esa noche en el redondel después de haber degollado al Jarocho. Su mirada no se separaba de los negros ojos de la ahijada de Don Oscar, la que no dejaba de sonreírle y él serio, sin mostrar sentimiento alguno, permanecía en silencio. Viéndola.

El joven Montalbán, que se había mantenido sobrio se le notaba ciertamente tranquilo, pero en cambio Ray, si mostraba signos de nerviosismo, al grado que, al momento de estar amarrando la navaja a la pata izquierda del Jarocho, se cortó con la misma el dedo índice, lo que ponía en entredicho su destreza como gallero.

En tanto Diego, que a ratos observaba silente a sus tres pollos muertos esa noche, ahí amontonados en un rincón; no se mostraba ni frustrado, ni ansioso, le había apostado un dineral al viejo Don Oscar y, si ganaba, además se comería a la Lucero, la que parecía no saber que su destino estaba colgando del espolón del Indio, un gallo que durante su vida, ya antes había ganado seis peleas. Mientras ella lucía su amable belleza de dieciséis años en la orilla del palenque, a la diestra de su obeso padrino, el que había pactado la apuesta la noche anterior.

- ¡Cierren las puertas!

En ese momento el corazón de Diego se aceleró. Ya para ese entonces sudaba copiosamente y contrario a su costumbre, no permitió esa noche que nadie se sentara a su alrededor, quiso permanecer solo, en aquel momento, muy concentrado en la pelea.

Para la gente de la región, durante las fiestas patronales el espectáculo preferido son las peleas de gallos, mismas que forman parte de la cultura y tradiciones de la mayoría de los pueblos de los Altos de Jalisco. Las aves combaten distinguiendo al partido que las aporta mediante los colores rojo y verde; por eso suele ser común ver, colgar del cinturón del gallero un pañuelo o distintivo alusivo a estos colores.

El Palenque, es muy buen negocio para algún tipo con influencias en el pueblo, puede ser el cura de la parroquia o algún cacique, ya que además de las apuestas de las que retienen un porcentaje, está la venta de bebidas, las entradas al espectáculo para ver a cantantes con el mariachi que le da ambiente al recinto. La gente siempre apuesta a favor de alguno de los gallos con la esperanza de ganar algún dinero y seguir la fiesta.

Como en casi todas las ferias y fiestas regionales del país donde se llevan a cabo los palenques de gallos, el de Ayotlán, tenía un buen ruedo hecho de madera, cuyo piso se encontraba repleto de tierra compactada para el mejor desempeño de los plumíferos, en medio, estaba marcado con cal un cuadro de cuatro metros por lado y unas líneas que atravesaban de centro a centro cada lado; el anillo estaba adornado con guirnaldas de flores.

En el graderío, las apuestas aquella noche se multiplicaban y los corredores de las mismas, ya casi no se daban abasto expidiendo los boletos que respaldaban cada postura, antes que cerraran las puertas y con ello las apuestas.

El ambiente era tenso, Los galleros presentaban a sus aves azuzándolas para hacerlas pelear. El público gritaba, el alcohol ya hacia efecto en los consumidores de tequila y pulque, la gente se alteraba y animaban tanto al giro como al colorado, con bendiciones y maldiciones. Cuando los gallos fueron lo suficientemente alebrestados por el Pipi y Ray, los soltaron frente a frente, en medio de un alarido frenético del pueblo ahí reunido.

La pelea duró un suspiro; el gallo giro Jarocho, de Diego Montalbán, le cercenó el cuello al Indio en menos de 20 segundos. El palenque enmudeció. El Pipi, se quedó muy serio observando el cadáver de su gallo perdedor, mientras Ray, apenas abrieron las puertas, salió de volada del palenque con el Jarocho en sus brazos, que seguía aventando picotazos. Diego por su parte daba gritos de euforia y a pico de botella bebía tragos enormes de tequila. Se encaminó a pasos lentos hasta donde estaba sentada Lucero, la tomó de la mano y la cargó en sus brazos.

Salió caminando despacito con la chiquilla en abrazada a su cuello, quien azorada no comprendía lo que sucedía, aunque, no opuso resistencia alguna a que el joven gallero se la llevara consigo, sonriendo y luciendo su gallardía.

Diego trasladó a la niña hasta la troje y, no sin lujo de violencia le desgarró la ropa y la forzó. Lucero soportaba estoica sin oponer resistencia a la acción del macho que estaba encima de ella, se dejó hacer lo que el hacendado quiso; únicamente lo miraba a los ojos, con su par de luceros negros. Sometida a la voluptuosidad del muchacho, que en ese momento, ya no estaba en sus cabales; bufaba y la pasión lo ahogaba. Mientras, le decía al oído palabras soeces y vulgares, le mordía el cuello, las orejas y los senos. La mujercita, soportaba todo en silencio sin derramar una sola lágrima durante todo el arranque sádico de su violador, del que emanaban pestilencias de tequila y sudor, que le corría copiosamente por la espalda y la frente.

Terminada la felonía, Diego quedó exhausto semidesnudo sobre la paja, con los brazos abiertos en cruz, iluminado únicamente con la temblorosa luz de una lámpara de aceite, testigo mudo del cruel cobro de una injusta apuesta. Por su parte Lucero con las ropas hechas girones, se acurrucó en un rincón en silencio, abrazando a sus piernas dobladas y apoyando la cabeza sobre sus rodillas; callada observaba a su abusador, quien a ratos abría los ojos y le reclamaba el mutismo de la mujer.

- ¡Dime algo, no te quedes callada!-

En ese momento afuera del palenque el Pipi, se dio cuenta que el Jarocho había sido drogado pues el cuerpo inerte del Indio, olía a ¡aguarrás y nicotina!

La noticia corrió como reguero de pólvora encendida, en unos cuantos minutos los que habían perdido ya reclamaban la devolución de su dinero y los que había ganado, huían del lugar a la carrera.

Los hombres de Diego corrieron como alma que lleva el diablo. El Pipi, furioso fue en busca de Ray, a quien encontró sentado en un rincón con el cadáver del gallo ganador en sus brazos. El Jarocho había muerto del esfuerzo, su corazón no resistió el estímulo al que fue sometido producto de las sustancias que le habían introducido. El Pipi gritándole a Ray todo tipo de insultos, lo golpeó con todas sus fuerzas, mientras otros furiosos concurrentes al palenque, cobraban venganza destruyendo las jaulas, saqueando todo lo que había de valor ahí, alguno se llevó un gallo, pero todos los animales restantes fueron masacrados por la chusma que reclamaba su dinero, al final, el cuerpo inerte de Ray, quedó tirado en medio de un charco de sangre, lodo y plumas.

Por su parte Don Oscar buscaba con la pistola en mano a su rival para cobrar la afrenta, que según él gritaba, únicamente se podía lavar con sangre. Lanzaba insultos y amenazas sobre el joven Montalbán y toda su estirpe, jurando a voz en cuello, que no pararía hasta haber aniquilado a toda esa familia de rateros. Reclamaba su dinero y su honor, pero nada decía de su ahijada, a la que él había apostado cobardemente.

Diego, al escuchar la algarabía y los balazos que tiraba al aire don Oscar, intuyó que ya los habían descubierto. Sin decir nada se vistió rápidamente y, cuando se disponía a saltar por la ventana para huir en uno de los caballos que Filemón le tenía preparados desde hacía una hora atrás de la troje, escuchó por primera vez la voz dulce y tierna de Lucero, que le dijo:

- ¡Diego no me dejes, llévame contigo!-

Él se quedó sorprendido al ver la figura sensible que antes había mancillado, ahora suplicando que se la llevara. Dudó unos instantes y, sin contestarle nada, saltó por la ventana hasta su caballo, que salió como rayo en colosal huida.

La malograda aventura del palenque y las amenazas de mucha gente que perdió su dinero aquella noche, hicieron que Diego, se concentrara en la hacienda. Se prometió así mismo y a su abuela, que nunca volvería hacer esas estupideces. Al día siguiente después de aquella noche funesta, mandó recoger a Ray del hospital del Ayotlán, para cuidarlo en la hacienda, el muchacho venía muy maltratado. Nunca se repondría totalmente. Perdió la vista de un ojo, jamás en la vida dejó de renguear con la pierna izquierda. La gallera de Diego quedó reducida a unos cuantos pollos para recuerdo de las viejas hazañas de la casa, ya que tampoco serían admitidos en algún palenque del país.

De aquella siniestra noche, Diego guardaba muchos recuerdos dolorosos. Poco le importaba que su prestigio de gallero de abolengo se hubiera caído a los suelos, y que en la vida jugaría en ningún palenque. Eso al final de cuentas lo libraba de una carga emocional de todo aquello que ya, se le había convertido en un vicio insoportable. Lo que sí en verdad le dolía, era haber dejado sufriendo a Lucero abandonada a su suerte en la troje, sobre todo, porque ella le pidió que se la llevara con él. Se arrepentía todas las noches y se lamentaba, hasta darse cuenta que esa mujer, se le había metido hasta las fibras más recónditas de su corazón. Estaba enamorado de ella.

No mucho tiempo atrás Diego, mandó a Filemón a indagar qué le había sucedido a Lucero desde la noche que él, la había hecho suya. Con el sigilo acostumbrado de siempre, el ladino servidor cumplió con su misión. Averiguó que después de aquel escándalo, don Oscar la había encerrado en una cabaña suya en medio del monte para que no le contara a nadie, el episodio vivido con el Montalbán y, mucho menos dijera que posteriormente la obligaron abortar una creatura.

Después de esa noticia, Diego, se transformó en un hombre cada vez más rudo y hosco. Quien fuera un joven alegre y dicharachero, ahora era un tipo seco y sórdido. Cuentan que se perdía por las noches cabalgando hasta la cabaña donde Lucerito estaba enterrada en vida, aseguran algunas mujeres de la hacienda que el amo, nunca se atrevió a acercarse a la casita de piedra; que llegaba cerca, se quedaba quieto a lo lejos observando la imagen de la Lucero que según él, veía reflejada en la ventana a contra luz de las llamas de la chimenea.

Dicen por ahí, que finalmente una noche sí se atrevió entrar a la cabaña, caminando despacio se acercó a la silla donde se imaginaba, que él la veía a través de la ventana y, ahí la encontró sentada. Se aproximó a ella hincándosele, temblando, llorando, pidiéndole perdón. Sin embargo cuentan algunos, que cuando levantó los ojos para verla a la cara, la sorpresa fue mayúscula, al descubrir frente a él, estaba el cadáver momificado de su amada.

Juran algunos que entonces se enloqueció como diablo, cargado de furia, arremetió contra todo lo que había en la cabaña, que enajenado le prendió fuego a todo, incluido el cadáver de Lucero.

Otros más afirman que ahí se quedó quieto, como clavado en el suelo por muchas horas en la barranca del frente, mirando fríamente como las llamas consumían la casucha donde vivió sus últimos días, aquella mujer que murió de tristeza y soledad, en la más terrible humillación y abandono.

Intriga la gente de la hacienda, que desde entonces, la amargura consume a Diego, y que algunas noches regresa y se sienta frente a las ruinas de lo que fue la prisión y sepultura de Lucero. Comentan que llora, que se emborracha y después cuenta Filemón, que la mujer se levanta de sus cenizas y va hacía él. Entonces el hombre enloquece y se revuelca y ahí se queda tirado en el suelo, hasta que su gente lo encuentran al día siguiente y lo bajan al casco de la hacienda, en donde la familia ignora todas las penas y amarguras que padece el primogénito, ya que éste con su acostumbrado hermetismo, no permite nunca que ni la madre, ni el hermano se metan en su vida.

Otras veces baja al pueblo y la gente lo ve que va en busca de alguna mujer con quien descargar sus angustias y rencores acumulados, aunque ya son muy pocas las que quieren ofrecerle sus favores, porque más pronto o más tarde, explota y las agrede y maltrata, pierde el control de sí mismo, aunque siempre les pague con buen dinero, el que le soporten sus arranques, que ellas tratan de calmar con sus caricias.

Diego perdió su galanura, su aliento apestaba a amargura, comía mal a deshoras y bebía a todas horas. Cuando hablaba con su abuela deseaba encontrar todo el amor que había perdido, él se sabía que siempre había sido un hombre trabajador y alegre que ganaba su dinero con interminables jornadas de trabajo, que cuando festejaba era eso, simple festejo y no pasaba a más, sin embargo, desde que Ángel llegó a la hacienda, parecía que el demonio se había apoderado de todo su ser; sin que ni él mismo se hubiera dado cuenta exacta de lo que sucedió en su vida y en su mundo.

Encuentro.

Una mañana de domingo, Ángel estaba absorto en la lectura de un libro de filosofía de la biblioteca de su padre, sentado plácidamente en un equipal de cuero, tomando un poco de sol a la puerta de su alcoba, en ese momento le avisaron que una hermana del convento lo buscaba, cuando la tuvo frente ante él, la angustiada monja le suplicó que por favor fuera al dispensario para atender una emergencia. El médico no se hizo del rogar acepto ir, pues se imaginó alguna de las hermanas, podría haberse puesto mal. Un poco más tarde se presentó en el convento.

La madre abadesa le agradeció su presencia, lo condujo sin tardanza hasta el dispensario que servía de hospitalillo, donde se encontraba una niña no mayor de trece años, tendida en una cama. La chiquilla tenía la mirada perdida, el color de su piel era muy pálido, los ojos muy hinchados por el llanto y golpes, en rostro de la niña, se apreciaban múltiples moretones en la nariz, en la boca y contusiones en varias partes del cuerpo, que el médico iba descubriendo conforme él la revisaba con mucho cuidado.

Ángel se imaginó que la había golpeado su padre, pensó en alguno de los hombres del campo que generalmente se embriagaban con tequila por las noches de los sábados y al amanecer, muchas veces, arremeten a golpes contra su familia, esposa o hijos.

Sor Constanza, la hermana encargada del dispensario le explicó con detalles al joven médico, que la adolescente había sido violada por la tarde noche anterior por algún hombre rudo que, la había lastimado en verdad, física y emocionalmente, ya que no tuvo misericordia de la niña, cuya belleza juvenil de facciones delicadas habían sido quizás, el principal atractivo para el sádico violador. Ahora ella se revelaba marchita y traumatizada.

Al revisar el pubis de la chica, Ángel se sintió asqueado al descubrir los daños enormes que le había infringido el cruel violador. Prácticamente tuvo que reconstruir los genitales que estaban muy lastimados. La niña permanecía en estado de shock, no podía responder a ningún estímulo ni presentaba reflejos normales, a pesar de que en todo momento, estuvo acompañada y consolada por una novicia que él no conocía, Verónica, una bellísima hermana de ojos verdes y mirada cristalina que confortaba y limpiaba el sudor del rostro maltratado de la chiquilla.

Ángel terminó de curar a la niña, quiso saber cómo y quién había sido el violador, ya que no estaba dispuesto a tolerar que se dieran tales actos y, lo peor de todo, que quedaran impunes. Nadie en el dispensario, le pudo dar respuesta alguna, ya que a la niña la había traído su madre; la que no sabía, o no quería decir, quien había sido el causante de tal dolor a su hija

El médico se despidió, dio instrucciones del cuidado para la paciente, prometió regresar al día siguiente para cumplir con nuevas curaciones y cambiar las gasas de protección.

Al llegar a la hacienda ya era la hora de la comida, así que pasó directamente al comedor donde le esperaban, la madre y la abuela, le extrañó la ausencia de Diego, en el comedor, quien normalmente los acompañaba a comer los domingos, ocupando la cabecera de la mesa como lo hacía el padre de ambos en vida. Tal ausencia contrarió un poco a Ángel, ya que quería solicitar la ayuda de su hermano, para buscar al culpable de la violación y entregarlo a la autoridad correspondiente.

Cuando narró a las mujeres el asunto que le tenía consternado, las señoras guardaron silencio; no comentaron nada. En especial la madre se notó perturbada al grado tal, que su semblante se transformó en una mueca dura, triste, situación que en verdad desconcertó al médico, que de inmediato se arrepintió de haberles compartido un acontecimiento tan desagradable, suponiendo que lo que afloraba en ellas, era la nobleza y sensibilidad de damas de recatada moral.

Por la tarde, buscó a su hermano, y finalmente lo encontró en el despacho. Diego estaba muy serio, tranquilo, callado limpiando una pistola. Cuando Ángel entró al cuarto, aquel, siguió atento con la actividad que le ocupaba apenas contestó el saludo, de quien ya estaba muy alejado físicamente y con el que poco o nada hablaba; como sucedía con casi todo el mundo familiar, desde los acontecimientos que se vivieron en la hacienda en los últimos tiempos.

Sin prestarle mucha atención, lo escuchó, y sin mostrar el menor asombro, le objetó, le dijo que era mejor no meterse, que todas esas cosas se dan comúnmente por aquellas regiones, que los rurales de por ahí poco o nada pueden hacer para encontrar a los culpables, ya que en general, son parientes los que consuman tales acciones. A veces incluso, son los mismos hermanos y en otras hasta el propio padre, en medio de su borrachera de la que día siguiente no recuerda nada. Las madres, por miedo a las represalias de sus maridos, o castigo a sus hijos, se quedan calladas para siempre.

Además, le dijo alzando un poco la voz.
- La víctima nunca quiere hablar porque se lo prohíbe su propia madre.
- Siempre tienen miedo- le dijo casi musitando.
- También algunas veces son ellas, las que a través de sus insinuaciones o coqueteos, provocan a los hombres, aunque sean ellos de su familia.- Le espetó a la cara.

- Luego cuando las cosas les salen muy mal, aparecen como víctimas, aunque estos casos, son los menos"- terminó diciendo.

Tal actitud alteró profundamente a Ángel, quien a momentos pensaba que ellos como dueños de la hacienda, deberían perseguir cualquier acto inmoral que se diera dentro de su ámbito para cuidar las buenas costumbres y los principios sobre los que habían sido educados.

Si bien era cierto que en este caso la niña no era hija de alguno de sus trabajadores, Ángel pensaba en que algo había que hacer, que no se podía tolerar hechos tan bellacos de los que si no se castigaba al culpable dándole un buen escarmiento, nunca terminaría tan abominable conducta.

De lo que sí se pudo enterar por boca de las religiosas, es que eran bastante comunes las violaciones a mujeres, en los alrededores. Finalmente Diego, le contestó a su hermano que estaría pendiente para descubrir al culpable y que le darían parte a la autoridad.

Por el tono de su voz y por la displicencia de la respuesta, Ángel pudo sentir que nada se haría al respecto. Ni siquiera le contestó a su hermano, salió frustrado del despacho, se encerró en su recamara entonces, dio rienda suelta a su coraje, golpeando la pared, arrojando la silla al suelo, no estaba dispuesto a permitir esos hechos se dieran a su rededor mientras él viviera ahí. Lucharía hasta el límite de sus fuerzas para castigar al violador y que terminaran de una vez y para siempre, esos actos criminales que eternamente quedan sin castigo.

Al día siguiente, el médico se presentó temprano al convento buscó a la hermana Verónica, le pidió informes sobre cómo estaba la niña. Ella le contestó al vuelo que la enfermita había pasado muy mala noche, que continuamente lloraba, sufría espasmos, se quedaba en silencio como ida, sin estar consciente de lo que sucedía en su ámbito. No ha querido probar los alimentos y además, no tiene control de sus esfínteres, lo que le genera vergüenza, además de un mayor dolor emocional a la pequeña, según le explicaba la novicia, mientras le ayudaba a cambiar las curaciones de la chiquilla.

El doctor sugirió algunos tratamientos y recomendaciones, después trató de hablar con la niña, sin embargo, ella no le contestó a ninguna de sus preguntas, por el contrario, parecía asustarle la presencia del médico, lo que a Ángel le intrigó, ya que él le hablaba con cariño y ternura, sólo permitía que Verónica se le acercara, al médico le volteaba la cara no lo quería ver, cerraba los ojos.

Así que él se sintió obligado a buscar a los padres de la chica, que ahora sabía se llamaba Luisa, era la tercera hija de Macario y Soledad. El padre trabajaba de jornalero en las haciendas como jimador; mientras que la madre servía preparando nixtamal para algunas casas que le compraban la masa para hacer tortillas, y con ello mantener a sus hijas.

Luisa era la más chica además era la única que iba a la escuela, a la parroquial. El día anterior la jovencita fue sorprendida por el violador cuando regresaba por la tarde a su casa. El fulano la jaló a la parte de atrás del cementerio local, la golpeó y abusó de ella con inusitada violencia.

Nadie quería hablar del asunto, pero Ángel, evidenció más dolor en Soledad, la madre de Luisa y mucho rencor por parte de Macario, quien sólo musitaba palabras de encono y desasosiego. Ella se expresaba con agradecimiento al doctor por estar atendiendo a su hija en el dispensario, pero no se refería en ningún momento al agresor de la niña, dejando a la justicia divina el castigo que debería recibir. El padre sin embrago expresaba palabras de rencor, maldiciones contra los ricos que abusando de su poder, pisoteaban cuando querían al pobre por ser eso, precisamente pobres. Esto último alteró al médico que se sintió incómodo cuando el hombre hablaba de ricos y pobres, por lo que decidió dejarlos en paz, procedió a retirarse pesaroso y pensativo.

Los días que siguieron a ese pesado incidente, en la hacienda se percibía un ambiente enrarecido, la vida cotidiana se tornó sórdida y rutinaria, casi nadie se hablaba entre sí, cuando lo hacían era para cosas de la rutina. Doña Ángela, parecía que vivía en un anodino mutismo que poco a poco la consumía; mientras que la abuela, Doña Margarita, se recluía algunas noches durante horas en su recámara con Diego.

Encerrarse con el nieto mayor, era una costumbre de la anciana mujer para conversar y hasta reclamar a su familiar de algunos de sus desmanes y abusos, ya que ella, era a la única persona que el joven hacendado respetaba. Aunque, a decir verdad, este, poco o ningún caso le hacía, pero cuando menos no la enfrentaba.

Ángel, en tanto, preparaba ya su retirada de la hacienda. No soportaba las hazañas de su hermano que todo el mundo le contaba y de las que en infinidad de ocasiones había podido ser testigo. Situación que cada día le molestaba más, porque no imaginaba hasta donde llegarían esas conductas de Diego.

Escribió diversas solicitudes para varias universidades europeas, estaba en espera de alguna respuesta, en el ínterin, acudía invariablemente al dispensario del convento donde diariamente hablaba con la hermana Verónica, la que se había hecho responsable de Luisa. Mientras la niña, vivía en un estado de retraimiento total, apenas respondía algunas de las preguntas con monosílabos y, eventualmente, con alguna sonrisa levemente visible.

Con el tratamiento a la niña, la relación entre el médico y la novicia se hizo habitual, Ángel estaba impresionado con la belleza y gentileza de Verónica, la que le platicó alguna vez que pronto profesaría sus votos para convertirse en monja. La chica poseía una diáfana lindura que destellaba por sus verdes ojos, su suave piel sonrosada, lucía pulcra en su cara enmarcada por la cofia rosa y blanca de novicia.

Al médico, de cierta manera, le turbaban las manos de la hermana, pequeñas, delgadas, de finura extrema que se aplicaban en el cuidado de Luisa. Cuando estaba cerca de ellas deseaba rozarlas para sentir cuando menos, por unos segundos, la suavidad de cutánea de la hermosa iniciada.

El joven médico se pudo dar cuenta que cada vez que estaba frente a la novicia, el pulso se le aceleraba, entonces alargaba sus frecuentes visitas al convento para estar cerca de ella. Su aroma le alegraba la vida; al hablar con Verónica al verla a los ojos, realmente se fascinaba y pudo notar que ella lo veía con cierta devoción, prácticamente lo veneraba. El suponía que era por ser el médico que les auxiliaba en el dispensario y así, mostrarle su agradecimiento, aunque en su interior él deseaba fervientemente que tal veneración fuera por su persona, no al profesional.

Este embeleso turbaba profundamente al doctor, pues deseaba a esa mujer, pero sabía que la chica ansiaba profesar como monja, aunque para él, esto resultara absurdo y no se atrevía a preguntarle los motivos de su decisión, por el entrañable respeto que le tenía como mujer y como religiosa.

- ¿Pronto profesaras como religiosa?
- Desearía que ya fuera mañana ese día y dedicar mi vida al servicio de Dios y los semejantes. De los pobres y los humildes.
- Quizá lo pudieras hacer sin ser monja.
- Estoy segura que esa es mi vocación. Servir a Dios y a sus hijos.
- Lo puedes hacer y fundar una familia cristiana. Casarte Tener hijos, sentirte amada por alguien.

-   Soy muy amada por Dios, he recibido muchas señales del cielo por eso le dedicaré mi vida entera a Él.

-   Pues qué envidia le tengo a Dios.

Verónica.

Muy al norte de México precisamente en el Estado de Chihuahua, por aquellos tiempos existía cierta comunidad de mujeres y hombres formados en la religión católica, que vivían en una ranchería cerquita de la población de Nuevo Casas Grandes. Este grupo de agricultores residían apartados de la población desde tiempo atrás, la gente decía que eran pioneros que vinieron del norte para asentarse en aquella región, donde lograron hacerse de algunas tierras de cultivo, criar algunos animales, para después con muchos sacrificios y más trabajo, conseguir que su comunidad prosperara, ganando entonces el respeto de toda la gente de aquella comarca.

La piel blanca, los ojos verdes o azules de la mayoría de ellos, hacían presumir que estos comuneros, tenían su origen real en algún grupo étnico europeo, aunque ellos, invariablemente lo negaban.

Si bien es cierto que vivían aislados del resto de las poblaciones de la región, si convivían en el mercado, en las festividades sociales en especial, de las religiosas ya que como la mayoría del pueblo, eran católicos; les gustaba el baile, los convivios, aunque eran en su totalidad, abstemios así que se mantenían alejados del sotol y los licores.

Los "Güeros" como les decía la gente de la comarca eran absolutamente pacíficos, respetuosos de la autoridad civil, aunque ellos a su vez, se manejaban por una sociedad patriarcal en donde los hombres mayores del grupo, ejercían la autoridad de la comuna, con las reglas religiosas de su fe, por lo que nunca se supo que hubiera problemas graves dentro de las familias, más allá de algunas dificultades menores entre los adolescentes por el dominio de algún juego, o las coqueterías de cualquiera de las chamacas con algún chiquillo que pronto se creía con derecho sobre ella, mientras otro también así lo pensaba; aunque cotidianamente no se mezclaban sentimentalmente con la gente de la comarca, si existían relaciones eventuales en los bailes, fiestas o en los tianguis del mercado, en fin, las relaciones sociales eran de armonía y respeto.

Verónica nace en el seno de una de esas familias, ocupa el quinto lugar de orden natural. Antes, habían llegado al mundo cuatro chamacos casi seguidos, con muy poca diferencia de edades, mientras que ella, nació siete años después de su hermano inmediato anterior. Como el resto de su familia, mostró rasgos característicos de los europeos, la piel muy blanca, los ojos verdes, el pelo caoba claro, con las facciones muy finas y delicadas, extremidades largas y delgadas, la dentadura blanca y armoniosa.

Fue bautizada con el nombre de Verónica; educada con esmero en el respeto a Dios dentro de la fe católica, que profesaban en toda la comunidad. La infancia de la niña, transcurrió en ambiente familiar y social de múltiples y variadas expresiones amorosas, de cuidadoso consentimiento, tanto de hermanos como de padres.

Su paso por la escuela primaria de Nuevo Casas Grandes, fue exitoso por la facilidad que ella tenía para aprender, pero también, por ser una chica traviesa y simpática, amiga de todos los niños y de las niñas, sin importar que fueran de su comunidad o no.

Siempre atenta a la necesidades de los demás, presta para procurar favores, para participar en los juegos más divertidos.

Al paso de los años, Verónica se distinguió invariablemente por su vocación de ayudar a las mujeres madres de familia con pequeñas atenciones y favores, le gustaba visitar a los enfermos los que ante ella, cuentan que se mejoraban notoriamente, como si la sola presencia la chica, ejerciera cierta influencia para disminuir la fuerza de las enfermedades, o cuando menos, amainar el dolor, que el enfermo padecía.

Al entrar a la escuela de educación secundaria y transformarse en una señorita, la metamorfosis que sufrió la personalidad de la joven fue sorprendente, la belleza de su rostro adquirió matices de perfección, por lo que pronto su hermosura ya era el centro de admiración de toda la región, sin embargo, no obstante de tal característica, ella era cada día más sencilla y servicial hacia la gente en general. Igual se distinguía por su alto aprovechamiento académico, que por aquellos tiempos, no era precisamente un signo distintivo de las mujeres de provincia, que por su gracia y agilidad en los juegos y bailes.

Por obvias razones era una de las mujeres más anheladas por los jóvenes de su edad y también, por los no tan jóvenes; sin embargo, la parte sentimental en su vida, parecía no tener espacio en ella, si bien era amiga de todos los muchachos de la escuela y prácticamente de toda la población, no le daba la oportunidad a ninguno que pretendiera propasarse de los límites de la amistad, con cierta facilidad y frescura, los alejaba de sus pretensiones sentimentales.

Pero lo contrario sucedía con los actos asistenciales a enfermos que promovían los religiosos y eclesiásticos de su comunidad, dedicándole ahí sí, casi todo su tiempo libre, acompañando a quienes estaban aquejados por alguna enfermedad, pena o necesitados de alguna mano amiga.

Las personas a quien ella visitaba, contaban que invariablemente se sentían reconfortadas, que mejoraban casi de inmediato, no sólo anímicamente, sino que además, físicamente. De tal manera, pronto se corrió la voz que por aquellas regiones de las tierras del norte, existía una joven prodigiosa que con sus manos realizaba curaciones milagrosas.

Obviamente en su comunidad social, en las parroquias de los alrededores del pueblo donde ella vivía, los curas y párrocos lo negaban, aceptaban que Verónica sin duda, era un ángel del Señor, pero que en definitiva, no hacía milagros, ni mucho menos curaciones mágicas.

Sus padres empezaron a preocuparse porque cada día aparecían más personas para solicitar los servicios milagrosos de su hija, ellos estaban seguros que la chica, era estupenda, piadosa y amorosa, pero de ninguna manera era una santa, sin embargo mucha gente no pensaba así, ya algunos le decían la Santita.

En el invierno cuando Verónica, cumplía diez y siete años, ella con un grupo de jóvenes liderados por el cura comunitario, se organizaron para conseguir ropa, cobijas y medicinas, con la idea de ir a la sierra del norte del estado, para llevar tal ayuda a algunas de las etnias que aún vivían en cuevas y casas rupestres;

por lo que durante los meses de diciembre y enero, esas personas, padecen frío, hambre y enfermedades.

El promedio de edad de los integrantes del grupo, era de diez y ocho años y en su mayoría estaba compuesta por cuatro muchachos y una minoría de tres de mujercitas, entre las que se encontraba Verito, como le llamaban cariñosamente los compañeros de aquella misión de socorro, además del padre Lalo, líder del grupo, que a pesar de ser el mayor de todos no rebasaba los veintiséis años.

Así pues, muy cargados de cobijas, víveres medicinas y ropa, partieron una mañana hacia aquel cometido de buena voluntad, llenos de alegría y entusiasmo hacia su misión. Para llevar tantas cosas que portaban, se valían de un par de mulas muy fuertes que acarreaban con facilidad el cargamento.

El primer día de viaje resultó sin contratiempos, pero al segundo conforme el grupo se internaba en la sierra, las condiciones climatológicas se hicieron cada vez más difíciles con la aparición del viento helado y la lluvia con agua nieve. A partir de entonces, a los muchachos, les costaba más trabajo para subir por las veredas, ya que para esos momentos, estas eran casi inexistentes cubiertas de lodo y piedras, lo que generaba que a menudo todos los misioneros, se resbalaran y también cayeran al suelo húmedo, además como llevaban bastante carga sobre sus hombros, pues apenas con muchos trabajos se podían desplazar paso a paso muy despacio, sufriendo tropezones y deslices constantemente, lastimándose manos, codos y rodillas, por lo que cansados de andar con tantos tropiezos decidieron buscar algún refugio que les permitiera descansar.

Hacinados en un socavón natural, por fin pudieron refugiarse de la lluvia con todo y los animales, esperanzados en que el mal tiempo amainara lo antes posible; sin embargo, lejos de suceder esto, pasó lo contrario, y la lluvia helada, se transformó en nieve que a su vez, transmutó el paisaje de verde a blanco y esfumó cualquier esperanza de reconocer algún sendero o vereda de salida.

El frío y la nieve los copaban. Estaban aislados.

Atorados y atrapados en ese hueco natural, que si bien es cierto, les facilitaba algún refugio, no era lo suficiente para proteger totalmente al grupo y a las bestias, de la inclemente nevada, por lo tanto, se veían hacinados con un muy limitado espacio para soportar el mal tiempo reinante y que parecía no terminaría pronto, por fortuna, si llevaban suficientes alimentos y cobijas para no pasar hambre o frío ni ellos ni las mulas que les ayudaban a transportar la carga.

El responsable del grupo, el joven sacerdote, al que todos le llamaban Lalo, ya se le veía muy angustiado por las condiciones del tiempo y porque en realidad, se sentía completamente perdido a la mitad de la sierra. Así pasaron dos noches amontonados en el socavón.

Al amanecer de la segunda noche de estar varados y casi congelados, el sacerdote al ver que se aclaraba el día, tomó la decisión que era tiempo de partir en busca de alguna ranchería o poblado donde les dieran asilo y los pudiera auxiliar, ya que si bien es cierto que hasta ese momento, los muchachos y ellas no habían perdido la compostura y se mantenían unidos, más tarde o más temprano, de seguro empezarían a inquietarse, al padecer sobre todo, el frío inclemente, así que una vez encomendados a Dios, salieron con la esperanza de encontrar una opción que les facilitara llegar a algún lugar seguro y mejor.

Pronto el grupo tomó consciencia que estaban totalmente perdidos en medio de la sierra, caminaban con muchos trabajos en medio de la nieve, las mulas se rehusaban a avanzar, costaba considerable trabajo que respondieran las órdenes de seguir, Lalo, por más esfuerzos que hacía para que el ánimo del grupo no decayera, tal ánimo, a cada momento se estaba transformando en pesadumbre, además, las tinieblas tempraneras del cruento invierno, los amenazaban irremediablemente.

En los rostros de las tres mujeres se notaba la angustia. Con las cejas y la nariz cubiertas de hielo, las manos heladas, los pies muy húmedos y calados por el frio hasta los huesos, casi se arrastraban. Los muchachos se notaban mucho más fuertes que ellas, y hacían esfuerzos para auxiliar a las chicas y guiar las mulas.

Lalo, decidió que él, subiría a un árbol para visualizar desde aquella altura, el parpadeo de alguna luz que como faro les guiara hacía ese sitio. Uno de los muchachos propuso ser él quien se trepara al árbol, por ser más ligero, sin embargo Lalo, se negó absolutamente, y decidió que él sería el que subiría al árbol. De tal manera que el grupo buscó un lugar en donde descansar y guarecerse un poco del viento helado del norte, que a esas horas arreciaba.

Mientras el cura, eligió cual sería en árbol que le serviría de minarete para que él, en calidad de guía pudiera divisar alguna opción de salida y llevar al grupo de misioneros hasta un lugar seguro y de ahí, una vez descansados y con mejor tiempo, poder continuar para cumplir con su cometido.

El árbol elegido era un pino de bastante altura, y si como el cura afirmaba que él tenía la suficiente pericia para trepar entre ramas, era el observatorio perfecto. Así que dejando la mochila en el piso se despojó de algunas cosas que le estorbaban, con la ayuda de un par de los muchachos, él inició la escalada. Con cierta destreza, trepó los primeros metros con bastante facilidad, sin embargo, conforme subía las ramas éstas se veían más endebles, y aún no se podía divisar el horizonte. Lalo, les gritaba cosas desde arriba a los muchachos que desde abajo, lo observaban; al mismo tiempo ellos, le vociferaban otras palabras, aunque seguramente, ni el de arriba las entendía, como tampoco los de abajo comprendían las voces que descendían del pino.

En un momento dado, se escuchó el crujir de algunas ramas que se desquebrajaron por el peso del hombre y la nieve acumulada; ya no resistieron más. En caída libre Lalo rebotaba entre ellas y se precipitaba en medio de un desgarrador alarido salido de su garganta, cuando su cuerpo finalmente cayó sobre el suelo cubierto de nieve, este en segundos se manchó con la roja sangre del cura, quien quedó tirado en el piso desmadejado y sin consciencia.

Los hombres lo auxiliaron de inmediato y lo llevaron con mucho cuidado sobre una manta que sirvió de camilla hasta donde las mujeres esperaban. Lalo reaccionaba levemente, se quejaba, se le veían múltiples contusiones en diferentes partes del cuerpo: en la cabeza, los brazos, pero la más impresionante era una fractura expuesta del fémur de la pierna derecha, desde donde se asomaba la punta del hueso roto, por la mitad del muslo.

El grupo entero, que ya para esos momentos estaban casi congelados por el frío y pasmados por el gran susto, con muchos cuidados, acomodaron al herido, comenzaron a tratar de reanimarlo, limpiando sus lesiones.

La fractura del fémur era horrible, parte del hueso se asomaba por el muslo de su pantalón desgarrado. Verónica, asumió sin que nadie se lo propusiera, la decisión de atender a Lalo, enjuagó las heridas y con ayuda de algunas ramas gruesas y tiras de tela, formó una férula, con cuidado acomodó lo mejor que pudo la fractura y la sujetó firmemente con vendas improvisadas y le cerró la herida con extremo cuidado, el cura aguantaba con cierta serenidad el dolor de la curación.

Los jóvenes mientras, lograron armar una tienda de campaña con ramas y cobijas; en tanto las chicas se esmeraban en preparar alimentos calientes, les costaba mucho trabajo derretir la nieve para ahorrar el agua y preparar café, además de alguna sopa para alimentarse un poco, reanimarse y esperar con paciencia que al día siguiente, el sol apareciera en el horizonte y salir a buscar auxilio en alguna ranchería o pueblo.

Toda la noche llovió y Lalo, no paró de sufrir y gemir delirando de fiebre. El amanecer tardío del invierno, les trajo una nueva sorpresa.

Dos de los cuatro muchachos: Saúl y Mateo, se fueron durante la noche, llevándose las mulas y algunas cobijas y alimentos, abandonando a su suerte al grupo en medio de las circunstancias tan terribles que padecían todos con la lesión de Lalo, que le impedía desplazarse por sí mismo.

Nadie expresó comentario alguno por la huida de los dos muchachos, sobre todo, por haberse llevado las mulas, lo que sin duda era una canallada, alguno dijo que ojalá hubieran ido en busca de ayuda, aunque en las caras de todos se notaba un dejo de tristeza y angustia.

Al final aceptaron con cierta resignación su realidad, se organizaron; Perico y Raúl, acarrearían la camilla, mientras que Mónica, Rosy y Vero cargarían con víveres y cobijas que les dejaron los amigos que se fueron.

Con mucho trabajo iniciaron camino con el sol ya brillando y la nieve derritiéndose, lo que les dificultaba avanzar, aunque a ciencia cierta, no tenían una idea exacta de donde estaban, se encomendaron a Dios, marcharon yendo muy despacio, paso a paso y haciendo constantes paradas para descansar; sobre todo ellos, que tenían que llevar la improvisada camilla cargando en ella a Lalo, quien estoicamente soportaba el dolor que le ocasionaba el fémur roto sin emitir queja alguna.

La mañana era luminosa, ya había sol y el viento estaba tranquilo, habrían andado como dos horas, caminando por una ladera de la colina, de repente empezaron a escuchar que las pocas aves que se acurrucaban en los árboles, armaban un gran escándalo y se oía un ruido extraño que bajaba de la cerro que estaban rodeando, se pararon unos instantes al momento que una enorme avalancha de lodo, nieve, agua, ramas y piedras, resbalaba a gran velocidad desde la cima del cerro, debido quizás, a un desgaje del mismo, arrasando con todo lo que encontraba a su paso.

El grupo se quedó estupefacto de miedo. Los muchachos con la camilla se alcanzaron a cubrir atrás de una enorme roca, en tanto las chicas, lo lograron a la entrada de una cueva natural, a excepción hecha de Rosy, que no llegó porque venía retrasada del grupo. Ella sí fue atrapada por parte del alud, quedando en instantes, sepultada bajo toneladas de tierra y lodo. Impotentes todos vieron como su amiga daba vueltas en medio de la tierra húmeda sin poder asirse a nada.

Cuando hubo pasado el derrumbe y todo quedó en calma, poco a poco fueron saliendo los muchachos, Vero y Mónica, estaban lívidas y apenas podían responder a las preguntas que Perico y Raúl les hacían. Corrieron los cuatro sobre el montón de tierra que había arrasado el lugar donde estaban y con las manos rascaban sobre el lodo y gritaban el nombre de Rosy. Mientras Lalo se arrastraba para querer llegar a ayudar en la búsqueda de la joven atrapada.

Después de más de una hora de estar buscando desesperadamente en medio del fango a la chica, no la pudieron localizar. Se abrazaron todos en torno a Lalo y juntos lloraron abrumados, rogando a Dios por el alma de la chiquilla, la que yacía sepultada bajo esa enorme montaña fangosa.

No tuvieron más fuerzas para seguir caminando ese día, así que instalaron un nuevo campamento, todos guardaban silencio, lloraban; Lalo, padecía terribles dolores, la fiebre avisaba el peligro de la inminente infección. Comieron galletas con café, además de algunas conservas de frutas, que les darían calorías para soportar el frío de la madrugada, calentados con el fuego mustio de leña húmeda, extenuados uno a uno, se fueron quedando dormidos un poco atontados por el gélido tiempo.

Por la noche, mientras el firmamento presumía una luna menguante y un cielo adornado de estrellas, Verónica se sumió en un profundo trance de oración, hincada, rogaba al Creador ayuda; además suplicaba iluminación y fortaleza, para salir del problema en que estaba metido el grupo. Que se apiadara del alma de Rosy, sin olvidar el dolor físico de Lalo, quien ya daba muestras de delirio por la fiebre que precedía a una inminente infección de la pierna fracturada.

La oración y meditación íntima iluminada desde el infinito estrellado convertida en una súplica de misericordia y asistencia, transmutaba la imagen de Verónica, palideciendo el rostro de la joven y, de sus ojos cerrados, escurrían lágrimas de cristal luminoso. El cielo escuchó la plegaria.

A los primeros rayos del amanecer, Perico despertó y en silencio se quedó observando la belleza de Verónica, la que continuaba de rodillas, ¡La vio levitando! ¡Estaba flotando! ¡Implorando la ayuda divina! Sin hacer el menor ruido, el muchacho, movió a los compañeros y les hizo señas para que vieran la figura luminosa de Verónica en trance bienaventurado, los tres embelesados, se pusieron de hinojos a un lado de ella, para sumarse a la oración del alba.

Sorprendidos, descubrieron pequeñas estigmas en las manos y la frente de ella, de los que se podía percibir brotar un leve hilito de sangre. Todos estaban atónitos y guardaban silencio tratando de acompañar la oración de Verónica, en respetuoso mutismo.

En tanto el padre Lalo, dormía plácidamente, parecía que por fin, había podido descansar toda la noche. Los tres jóvenes estuvieron algún tiempo custodiando a su amiga, hasta que ella, mostrando una sonrisa, salió del trance y les dijo: -Buenos días-, de inmediato sus manos y frente quedaron limpios sin huella alguna de cualquier estigma.

Los cuatro sonrieron y se abrazaron, hablando casi a señas se alejaron de Lalo, el que parecía reposar apaciblemente después de haber padecido tan terribles dolores las noches anteriores, ahora el semblante era otro, aparentaba tranquilidad, sosiego y un nuevo color de vida aparecía en el rostro, sus ojos cerrados ya no temblaban por la fiebre.

Mientras ellas preparaban el desayuno de café, galletas y compota de manzana, los muchachos armaron una cruz con algunos trozos de madera y en un pedazo de corteza de pino, con la navaja, grabaron el nombre de Rosy, lo sujetaron a un árbol en el sitio preciso donde su amiga quedó sepultada en lodo y piedras, todos seguían muy tristes por Rosy.

Posteriormente, fueron a despertar a Lalo, con un jarrito de café y las sonrisas de los cuatro amigos. El sacerdote, despertó de un magnifico humor y agradeció las atenciones de todos, cuando se incorporó para beber el café, se quedó asombrado, el dolor de su pierna era apenas perceptible.

Con mucho cuidado quitó la cobija que cubría su muslo lesionado y menuda fue su sorpresa. ¡La herida estaba prácticamente cerrada! Las miradas de los cuatro jóvenes no se despegaban del sitio en donde hasta la noche anterior, había existido una enorme herida con fractura de hueso expuesta y con síntomas de una infección inminente. Atónitos guardaron silencio.

Los chicos se pusieron de rodillas y levantaron los ojos al cielo dando gracias al Señor, por el milagro de tan prodigiosa curación.

Con un día luminoso, sin el viento helado avanzaron con mucho cuidado, después de algunas horas de camino, perdidos como estaban, en medio de la sierra llegaron a una ranchería de esas que nadie sabe cómo sobreviven, sin embargo ahí están perdidos en medio de la sierra, ni do qué viven,.

Gente sencilla y buena habitaba el lugar, fueron bien recibidos y acomodados en lo que para ellos era la capilla del Santísimo, cuidada por un lego que les facilitaba algunos servicios religiosos a la población. Se veía a leguas que era una pequeña y vieja construcción, seguramente erigida por alguno de los frailes de la conquista como ermita del camino.

Linchamiento.

Una tarde mientras Ángel estaba abstraído en la lectura de sus libros de medicina, entró Diego y sin más le espetó a boca de jarro, "ya identificaron al violador de la chiquilla" éste confesó. "lo hizo borracho y dijo no acordarse de nada más". Además continuo: "La gente se alboroto mucho al escuchar al violador confesar su crimen, enfurecieron y luego lo colgaron al tipo, para cobrarse el crimen. Los rurales nada pudieron hacer para impedir la justicia popular. Después, Diego salió de la habitación dejando a su hermano pasmado con tal historia.

El médico, se quedó aturdido, incrédulo, escuchando a Diego, le repugnaba tal historia, algo dentro de su corazón le decía "esa patraña no es verdad"; además de repugnarle, le espantaba, quizás aquel hombre había confesado el delito, obligado por alguien y presentía la falsedad de toda ese drama, sencillamente era un cuento. Ideado por alguien para azuzar a la gente y linchar al borracho y ahorcarlo, todo esto para encontrar un culpable de la violación de Luisa y él se tranquilizara de una vez por todas, ya no molestara a las autoridades rurales y a su mismo hermano, de aclarar la violación de Luisa y acabar con esas historias de impunidad perenne impunes donde nadie dice nada, aun cuando todo mundo sabía o sospechaba de quien fuera el culpable.

Por otro lado, el médico pensaba: "Mi madre sabe algo de lo malo acontecido en la casa aquella noche de la violación a Luisa y seguro estoy, mi abuela comparte con ella ese secreto". Ángel suponía primero pero ahora estaba seguro. Las reuniones nocturnas de la abuela con Diego, son para presionar a éste en relación a tan álgido asunto. Se repetía a cada momento: "Toda la historia narrada por su hermano, es un farsa". En este momento, ya no sospechaba, estaba seguro de la participación de Diego, en la elucubración de este tétrico plan. Hasta hoy ya hay un muerto, probablemente inocente y una jovencita muy lastimada, perturbada mentalmente para siempre. Rumiaba triste.

Más tarde, Ángel fue al despacho y le preguntó a su hermano qué había tenido que ver él en todo este asunto Diego, se molestó mucho, y encarándolo le respondió airado, "absolutamente nada". "Únicamente le exigí a los rurales que encontrar al culpable", aquellos hicieron su trabajo, después, continuó diciendo marcando las palabras:

- La gente se enfureció y tomaron la justicia por su propia mano, ¿te quedó claro?

Ángel, le contestó de inmediato a su hermano, mirándole a los ojos.

- No te creo tal historia, es un crimen lo sucedido allá en el pueblo.
- ¡Pues cree lo que quieras doctor!

Diego salió de la habitación dando un portazo y nunca más le dirigió palabra alguna a su único hermano.

Esta fue la única versión, "oficial" Sin embargo, a voz baja se sabía que el ahorcado era un pobre borrachín, siempre perdido por los humos del alcohol para sacarle la confesión, Filemón, lo dotó antes por la tarde, de una buena cantidad de tequila del más corriente y entonces, ya completamente beodo, fue entregado por unos peones a los rurales, diciendo que él, arrepentido, gritaba a voz en cuello el pecado cometido sobre Luisa.

Después los rurales, fueron sorprendidos por una turba enardecida de peones y mujeres que, azuzados por algunos individuos, colgaron de un árbol al violador, en un acto puro de linchamiento impune y artero, del que los rurales sólo fueron testigos mudos.

Después linchadores y alborotadores, recibieron varios barriletes de tequila para tranquilizarse y así ahogaran su conciencia en el aguardiente del agave azul de Jalisco.

Al día siguiente, el borrachín ahorcado fue enterrado en un trozo de tierra áspera atrás de la iglesia y nadie más habló de él ni de su crimen.

Siempre corrió el rumor que el autor intelectual de esa vil acción vivía en la hacienda La Purísima. Tales murmuraciones dieron al traste con la salud de Doña Ángela, quien se afectó mucho y entonces las relaciones entre los miembros de la familia, se enfriaron a grado tal, que Diego, ya casi no hacía trato con nadie que no fuera su abuela, a la única que escuchaba eventualmente, aunque como ya se sabía, no le haría mucho caso a lo que ella le dijera.

Ángel se impacientaba día a día ante la terrible expectativa que hermano fuera el violador de Luisa, y posteriormente planeara la historia de la confesión y linchamiento del borrachín.

Aunado a lo anterior la depresión profunda en la que se hundió la madre de ambos le presentaba un panorama muy negro. Él deseaba huir a Europa, y olvidarse de ese asunto; pero la salud de su madre, se lo impedía; se sentía impotente para sanarla, y ella, casi no quería salir ni siquiera de su cuarto, y así no podía curarla, tal conducta materna le confirmaba su idea que ella sabía algo o si había sido testigo de alguna cosa y ahora, le atormentaba el alma y su corazón endeble, no lo podría soportar. La mujer apenas comía, no hablaba con nadie y se consumía lentamente.

Con el devenir de estos acontecimientos, en unos cuantos meses aquel lugar que había sido un sitio de trabajo y progreso, se precipitó en un embrollo de decepciones y fracasos. Algunos de los jóvenes peones comenzaron a abandonar el campo ante los persistentes maltratos del patrón. Con el paso de los días y conforme crecía el rumor de que Diego, había violado a Luisa, y no sólo de ella, y a muchas otras, que nunca denunciaron nada, por temor a las represalias y el miedo que le tenían al patrón y sus rurales, así cada día campesinos y jimadores fueron abandonando la hacienda para buscar trabajo en otras factorías de tequila de la región donde se propagaban las historias del Diablo de la Purísima.

Diego, se transfiguró en un tipo cada día más cruel, un auténtico energúmeno que bebía incesantemente y que por cualquier cosa agredía e insultaba a quien estuviera cerca de él en especial, a los humildes y a las mujeres compañeras de sus constantes parrandas.

En las carreras parejeras donde todavía lo dejaban competir, obligaba a sus caballos a esfuerzos insólitos a base de fusta y espuela, por lo que ya nadie quería ser su competencia. La gente decía que tenía un pacto con el diablo y a partir de ahí, invariablemente las personas del pueblo le siguieron llamando así: "El Diablo", a sus espaldas, pues frente él, nadie se atrevía.

Sus acciones endemoniadas, su mirada dura y su voz cada vez más grave, servían de marco para ciertos hechos abominables; mientras Ángela, la madre, se consumía día a día en la penumbra de la habitación en un interminable silencio. Por su parte Ángel entregado al bienestar de la gente en el dispensario, gozaba en la región cada día más de la fama precisamente de ángel, contrastando sus actos con los de su hermano. La gente menuda se admiraba que fuesen tan distintos, mientras al mayor lo asediaban las mujeres vulgares y desvergonzadas, al menor lo suspiraban las damitas modosas y recatadas de familia decente, de aquellos rumbos. Sin embargo el médico ya se había dado cuenta que en su sentimiento sólo existía una imagen a la que veneraba y dedicaba la mayor parte de sus pensamientos en soledad: Verónica de las Flores la novicia de ojos verdes y finas manos, de boca de botón de rosa y sonrisa de madona.

Tal claridad de pensamiento y sentimiento, sumía al profesionista en múltiples dubitaciones y emociones contrastantes; pues si bien es cierto que había dado cuenta que lo que sentía en su corazón por la novicia era sencillamente amor; le mortificaba que ella únicamente soñara en coronarse de flores al profesar su votos de obediencia, castidad y pobreza, para dedicar su vida entera a la causa de Dios y sus creaturas, como se lo expresó varias veces que platicaban en el dispensario.

La Santita.

Santa María del Camino, se denominaba tal sitio, la población estaba compuesta en su mayoría por mujeres, ancianos y una enorme cantidad de niños. Quedaban muy pocos hombres adultos, pues casi todos habían emigrado a las ciudades cercanas para hacer dinero en las haciendas de Chihuahua. Las mujeres atendían sus huertas y, cuidaban de sus chivas, vacas, burros y, pollos. Además existían una gran cantidad do perros que se multiplicaban por minuto; a esos nadie los cuidaba.

Las escasas tierras cultivables, apenas las podían trabajar aquellas mujeres enteras curtidas por el viento y el sol, con ayuda de sus hijos, pero aunque eran muy pobres, estaban muy cerca de la naturaleza, lo que les permitía, vivir con cierta salud, a pesar de los padecimientos de la mala nutrición y el trabajo en exceso, sin contar con los remanentes de los partos mal atendidos y la poca higiene, sin contar con los accidentes cotidianos por los trabajos en el campo y las huertas.

Una vez acomodados en catres, los muchachos y las chicas pudieron descansar del enorme esfuerzo que significó llegar hasta ahí, sobre todo, teniendo que cargar en camilla a Lalo, que no salía de su asombro por la sanación de la pierna y daba gracias al Señor, por el favor recibido.

A la primera oportunidad de estar solos, Perico y Raúl le detallaron al padre Lalo, la experiencia de Verónica, cuando entró en oración y pudo obtener la curación milagrosa de la fractura. Le detallaron su levitación y sus estigmas que desaparecieron cuando culminó la oración. Le platicaron que ella nunca les dijo nada ni del trance ni de la oración, pero que la habían observado muy de cerca durante más de una hora.

Lalo, estaba muy emocionado y les dijo fue Dios, quien realizó el milagro en respuesta a las plegarias de todos, no sólo de las de Verónica, pero que hablaría con la chica y la estaría observando. Quería darse cuenta si ella poseía alguna virtud singular y les recomendó a los muchachos que fueran muy discretos en sus comentarios, pero sobre todo que se guardaran de la tentación de pedirle algún milagro a su amiga.

Como Lalo aún necesitaba mucho reposo para poder caminar, decidieron que lo mejor sería quedarse unos días en esa ranchería y participar con la gente de ahí en cosas que les pudieran ayudar para vivir mejor.

Entonces el cura les arregló la capilla, realizó un montón de bautismos, presentaciones, además de algunos matrimonios; les impartió clases de Biblia a las mujeres, instauró el Rosario del alba y catequizó a una gran cantidad de niños a los que les dio la primera comunión. Entre todos arreglaron el altar mayor con la ayuda de muchos jóvenes y chamacas de la comunidad.

A los pocos días de estar instalados en la ranchería, una mañana llegó lastimada y casi agonizando una de las dos mulas que se habían llevado sus compañeros. Por el estado del animal tan deteriorado, el grupo supuso que sus amigos perdidos en el monte, sufrieron algún percance similar al que ellos padecieron y que le costó la vida a su compañera

Rosy. En todo momento prefirieron creer que los misioneros desaparecidos, fueron en busca de ayuda y no que los habían abandonado a su suerte aquella noche en medio de la nevada. Decidieron elevar al cielo una oración con la intención de rogar por sus amigos, estuvieran vivos o muertos.

En esos días, Raúl organizó un pequeño taller de carpintería, donde repararon muebles viejos y fabricaron varias literas rusticas para que los niños, que generalmente dormían amontonados todos en una misma cama. Con ese trabajo logró enseñar a la comunidad cómo hacer ciertas artesanías y manualidades con madera.

Perico por su parte, trabajó intensamente en la reconstrucción de algunas paredes de las casas, porque ya se estaban derruyendo por el paso del tiempo; reforzó muchas de las cercas con piedras, lo que les facilitaba a los moradores de cada casita, controlar los animales domésticos, ya que era común que se salieran del corral casero y se perdieran en el cerro o fueran víctimas de los coyotes y pumas que deambulaban por el bosque. También organizó algunas brigadas de trabajo para reparar los techos de varias viviendas que estaban en peligro de derrumbarse.

Por su parte Verónica y Mónica se ocuparon de los enfermos y de las mujeres embarazadas, para ayudarlas a prepararse para el momento de dar a luz; además de arreglar un anexo a la capilla en el que improvisaron una pequeña aula para enseñar a los niños y las niñas a leer y a escribir. Hacía más de una año que a la maestra rural, la había secuestrado un abigeo que pasó por ahí y, desde entonces, se quedaron sin maestra y los chiquillos sin clases.

De hecho, algo similar les sucedió años atrás con el cura que los visitaba y, que por algún tiempo vivió en ese lugar; un día ya se fue y ya no regresó y la salud espiritual de los moradores de la región quedó en manos del sacristán.

La escuela fue el sitio en donde Mónica, pudo realizar su vocación de maestra, que siempre había anhelado. Se sentía tan feliz, que varias veces externó su deseo de permanecer más tiempo en la ranchería, lo que a los responsables de la comunidad y a los hombres mayores, les pareció una magnífica idea. Sin embargo Lalo como líder del grupo de misioneros, no quería dejarla ahí cuando se fueran.

Verónica con su forma de ser modesta, amable y cariñosa de ayudar a la gente, visitaba a algunos de los enfermos en sus casas. Por las tardes desde el atrio de la capilla, atendía los golpes, heridas leves, y raspones que se hacían los niños en sus juegos; también los de las personas que trabajaban en el campo y en las huertas, por lo que siempre había una fila de mujeres y niños, con pequeñas heridas y cortadas que atender, amén de diarreas y algunos males domésticos comunes en todas partes, ella en verdad casi no hacía nada, que no fuera escucharlos y limpiar sus heridas con agua y trapos limpios y sonreírles.

En la ranchería había algunos enfermos con padecimientos mucho más serios que requerían de mayores atenciones. A ellos, Verónica les ayudaba de forma particular, poniendo especial cuidado a dos mujeres mayores muy enfermas, que desde hacía tiempo ya estaban postradas en cama y cuyos padecimientos eran de tal índole, que a una de ellas la tenían acostada desde hacía más de seis meses. La otra, perdía la vista paulatinamente y casi no podía respirar.

Verónica se avocó a prestarles ayuda y, al poco tiempo de estarlas atendiendo, las dos mujeres dieron muestras de franca mejoría, lo que disparó una serie de comentarios entre la gente menuda, de las virtudes y dones de la "niña bonita", como algunos moradores, le decían. Animando esto a mucha gente a acercarse a Vero en busca de auxilio a sus males y penas.

Cerca de la ranchería, a una media hora de camino, vivía una curandera llamada Candelaria, quien durante muchos años había ayudado a la gente de por allá, que sufría enfermedades y padecimientos, la mayoría de ellos eran originados por la mala nutrición, intoxicaciones, piquetes de insectos, mordeduras de reptiles, además, de accidentes de trabajo y de ciertos sufrimientos que soportan las mujeres de aquellas regiones los que con certeza tienen su origen en la nula higiene y en la pobre alimentación, sin olvidar los constantes embarazos, por lo que, según Candelaria, ella se veía en la necesidad de operarlos y extraerles del cuerpo constantemente, elementos extraños al organismo de ellas; tumores según decía: "tumores del diablo".

Ahora la mujer con muchos años a cuestas, ya no podía atender a nadie, porque le era casi imposible estar en pie y con tan escasa fuerza, simplemente se arrastraba, vivía de lo que la gente le daba agradecida por los favores recibidos antaño. Le llevaban: frutas, quesos, tortillas, nueces y calabazas que por aquellos lares se daban. La comunidad la respetaba y quería.

Eria, una mujer que se compadecía de la chamana y que le procuraba atenciones, le rogó a Verónica que por favor le llevara un poco de salud a Candelaria, porque estaba muy enferma y sufría mucho. Sin hacerse del rogar, la joven acudió a conocer a la chamana y cuenta Eria, apenas ésta la vio, se puso de pie y empezó a darle bendiciones. Eria, cuenta que se tomaron de la mano y juntas salieron a caminar alrededor de la casita, nadie supo nunca que hablaron, pero lo que sí decía todo mundo, es que Candelaria recuperó la salud, aunque ya jamás volvió a recibir a nadie, vivía su soledad en paz.

También entonces, la fama de la Niña Santa de Chihuahua, o la Santita, como ya le decían a Vero, se extendió como reguero de pólvora por toda la región y, las pequeñas peregrinaciones no se dejaron esperar. Según contaba la gente, las curaciones físicas y espirituales se repetían constantemente.

Muchos le traían regalos como pieles de animales y algunos collares hechos con semillas que ellas usaban para cuidar sus espíritus; amuletos, herencias de sus ancestros formados en huesos de animales, telas de lana para cubrir su cabeza. La amaban y casi la veneraban, aunque ella se rehusaba a recibir cualquier tipo de reconocimientos.

La pequeña capilla comenzó a lucir limpia y estaba colmada de flores y muchas velas encendidas junto a inciensos y copales, todos como agradecimiento por los favores recibidos en salud. Los niños la veían y corrían a abrazarla, y gracias a todo esto la comunidad se mostraba muy feliz con la llegada de los misioneros, como les llamaban cariñosamente en toda la región. Sin embargo, al padre Lalo, le preocupaba mucho el asunto de las curaciones milagrosas, ya que conocía varias historias de ese tipo de curanderos, que no siempre terminaron muy bien, ya que el fanatismo puede llegar a niveles muy peligrosos y las cosas salirse de control.

El cura entendía que lo suyo había sido una curación milagrosa, no tenía necesidad que nadie le contara nada, lo había vivido en carne propia, si bien es cierto que aún no se reponía totalmente de aquel percance, Vero no sólo le salvó la pierna, le salvó la vida por una gangrena inminente. Nunca había hablado el tema con ella, porque en realidad no tenía ni idea de cómo abordarlo, ¿qué le podía decir a la joven? ya todos estaban convencidos, de la capacidad de la muchacha para conseguir la salud de las personas y sobre todo, de su humildad maravillosa.

Finalmente una tarde de domingo que se encontraban solos Verónica y él en la huerta de la capilla, Lalo, decidió que era oportuno platicar con ella.

Lo primero que hizo el padre fue agradecerle la curación. Ella, mirándolo serenamente escuchó todo lo que le dijo, silenciosa e imperturbable con las manos sobre su regazo , sin decir palabra alguna. Ese mutismo incomodaba a Lalo, hasta que él también guardó silencio y así permanecieron ambos mirándose a los ojos. Al cabo de unos minutos ella le dijo:

- Yo no hice nada, quien le curó fue el Padre Celestial-

- Claro que Él fue- le respondió el sacerdote.

- Sin embargo esto ocurrió por intervención tuya, por la magnífica oración con que tú invocaste al Cielo.

La joven seguía callada y serena, Lalo, le dijo:

- Los muchachos te vieron levitar y que en tus manos aparecen estigmas.

- Eso únicamente se alcanza cuando existe una fe muy intensa, como la que tú indudablemente profesas...

- Además que tales señales, sólo se las concede el Espíritu Santo, a unas cuantas almas elegidas; Seres de privilegio Seres de Luz, por eso quiero pedirte un favor...

Verónica, lo escuchaba con atención pero al mismo tiempo parecía distante, como si su verdadero Ser, estuviera muy lejano del lugar.

El sacerdote continuó despacio…

- Se discreta y evita contarle a alguien tus experiencias místicas. – A continuación le dijo enfático:

- El demonio es un ser celoso y enemigo de todo lo divino, es un furioso rival de Cristo, y en cualquier momento, te atiborrará la vida de tentaciones, para alejar tu alma de la luz y así hundirte en las tinieblas.

- Satán es un ser ladino y astuto

- Que sabe seducir a través de las lisonjas y puede despertar la vanidad y el orgullo de alguien, que como tú, desde siempre, ha sido humilde y sencilla.

- Ten mucho cuidado, el maligno siempre está al asecho de espíritus vírgenes como el tuyo.

Verónica, se acomodaba en su sitio y parecía incómoda, estaba cierta que ella hasta ese momento, nunca había padecido los ataques del maligno y creía que el Señor, no la abandonaría nunca.

Al fin de cuentas no entendía muy bien lo que el sacerdote le deseaba comunicar, ya que ella no recordaba haber levitado nunca y siempre suponía que las pequeñas laceraciones de sus manos se debían a ciertos descuidos en el manejo de los instrumentos de labranza que utilizaban en la huerta.

Le habló al cura con su voz dulce y tierna:
- Yo en verdad no hago milagros de ninguna clase; únicamente visito a los enfermos o los recibo en la capilla. Les aseo algunas heridas leves. Con los enfermos más graves, le pido ayuda a Dios.
- Yo no hago nada,-respondió segura de sí misma- es el Señor el que les reintegra la salud y los cura. Son ellos los enfermitos los que se alivian así mismos.
- Es cierto, -le dijo,- que aquella noche en la montaña cuando estábamos en la sierra, yo le rogué a Dios y a la Santísima Virgen, que nos ayudaran a salir del terrible aprieto en donde

estábamos metidos y, quise quedarme rezando por su salud toda la noche, como un pequeño sacrificio que ofrecí a Dios.

A continuación le explicó a Lalo, que jamás pone las manos sobre los enfermos como cuenta mucha gente que ella lo hace; le repitió varias veces que las heridas de sus manos son por el trabajo de la huerta y en tono serio le dijo:

- ¡Por favor! si es necesario, regréseme a mi casa en Chihuahua, no quiero dar ningún problema.

El joven sacerdote, se quedó un poco desconcertado porque él, no había querido lastimar a Vero, pero tampoco ponía en duda que Dios, la había dotado de destrezas especiales; sabía de la integridad de ella, de su religiosidad sana, sin embargo, tampoco pecaba de ignorancia., de aquellos conflictos tanto religiosos como sociales, que muchas veces se generan alrededor de este tipo de personas, cuando la gente desborda su fe en ellos.

Esto debido a la enorme necesidad que tiene el pueblo de símbolos de fe, por el hambre de creer en algo que les consuele de las miserias existenciales, de ahí que muchas veces las demandas a quien reparte amor y salud a través de las bondades recibidas por el cielo, sea cada día mayor, hasta convertir en una exigencia incontrolable, de la que casi siempre sale lastimado quien hace el apostolado.

Él tenía conocimiento de que existen muchos pillos que abusan de la buena fe de los humildes, y por eso mismo, las autoridades eclesiásticas, miran con singular recelo, cuando aparecen en las comunidades los santeros y chamanes que hacen prodigios en nombre del cielo; o apariciones milagrosas a las que el pueblo se presta para venerarlas de inmediato, y atribuir muchas veces milagros.

Esto lo sabía muy bien Lalo, porque en el seminario donde estudió para ser sacerdote, se los enseñaban con especial interés; aprendieron de infinidad de casos, de niños asombrosos y otros diversos tipos de curanderos chamanes que casi siempre terminaron en el olvido y con el desprestigio social a cuestas.

Él estaba seguro de la energía y luz de ella.

Verónica, quedó bastante consternada después de la plática con Lalo. No entendía todo lo que le quería decir el amigo sacerdote, ella estaba segura que la curación que había recibido él, fue producto de la fe que todos profesaban en el grupo, sin embargo, pareciera que esa misma fe que los unía, ahora se le aparecía como una amenaza que los estaba desintegrando como misioneros, sintió miedo que fueran celos de parte de los muchachos hacía ella y en especial que Lalo, pudiera suponer que le quería usurpar su lugar como cabeza de la misión.

No encontró respuestas a sus reflexiones, tenía miedo de hablar con los compañeros y expresar sus sentimientos, menos ahora que Mónica, parecía enamorarse de un rarámuri muy joven, que todas las tardes llegaba corriendo de algún lugar de la sierra donde tiene su tierra y animales, para verla a ella y quedarse platicando hasta entrada la noche.

Mónica les dijo que al muchacho le estaba enseñando a leer y escribir y él, le platicaba de la montaña, de la tierra, de los árboles y de las aves. Creo que ella ya no quiere regresar a Chihuahua, pensaba Verónica, por lo que decidió buscar la repuesta que necesitaba a través de la oración, esperando que el cielo le diera la contestación, misma que no se hizo esperar.

La Niña Santa de Chihuahua, tenía que atender ahora a decenas de pacientes que venían a buscarla de muchos lugares, algunos, de sitios bastante retirados, por lo que los visitantes llegaban exhaustos y tenían que prepararles sitio para que descansaran, todos ellos gente muy humilde, casi nadie traía dinero para ofrecer algún pago, pero si todos traían frutas, pollos y algún otro tipo de retribución en especie, por lo que a la comunidad le trajo cierta prosperidad la fama de la de la Santita, ya que la totalidad de los bienes recibidos la repartían entre las personas más necesitadas de aquel lugar.

A los pocos meses de vivir esta experiencia, Verónica estaba delgada, pálida, agotada y extenuada. Todas las noches pasaba horas enteras en oración en la intimidad de una pequeña casita construida para ella por los muchachos y la gente de la comunidad, pegada a la capilla con algunas piedras y madera, ahí dormía, vivía y atendía a la gente; por las madrugadas salía descalza a caminar y meterse a las aguas heladas del río que pasaba cerca de su cabaña.

Cuando regresaba temprano, ya había gente esperándola y rogando su atención. Lalo se ocupaba de controlar a las personas con la ayuda de Perico, Raúl y algunas mujeres. Otras personas les llevaban la comida a la capilla y procuraban que Verónica se alimentara, sin embargo esto casi no sucedía, apenas comía algunas frutas y una taza de atole. Los estigmas ya no aparecieron nunca más, pero los milagros no dejaban de multiplicarse. Verónica se extinguía, como si curar a los enfermos le robara el cuerpo. Verónica hacía muchos esfuerzos por atender a todos, hasta que un día ya no pudo más y cayó enferma; su cuerpo en extrema delgadez se desplomó una mañana. Entró en un estado de desvarío en medio de una fiebre muy alta. .

Entonces Raúl, Perico y las muchachas acordaron que ellos deberían viajar a Chihuahua, para informar a sus familiares y amigos, del resultado de la misión. Se ausentaron dos semanas y trajeron noticias de por allá, entre otras que sus dos compañeros de expedición inicial nunca regresaron a su comunidad. También que en la misma ciudad ya se hablaba de los milagros de Vero; por lo que dos de sus hermanos mayores a instancias de sus padres decidieron venir a buscarla.

Ella se alegró mucho de verlos, sin embargo ellos se espantaron al encontrar a su hermana tan deteriorada y enferma, por lo que decidieron regresarla a su casa de inmediato y, así fue.

Lalo, Raúl y Perico, y los dos hermanos de Vero, un domingo iniciaron el camino de regreso. Mónica no quiso unirse a ellos y se quedó al frente de la escuela de la misión en compañía de su enamorado rarámuri.

Aquel día el grupo tomó el camino de retorno, algunas personas de la ranchería se unieron a ellos, para acompañar a la Niña Santa, por lo que entre todos ya sumaban quince personas que cuidaban a Vero, la que se mostraba además de enferma y delirante, sorprendida y abrumada de ser el centro de tantas atenciones. Ahora se mostraba cada vez más enferma y peor, delirante.

Después de pasadas las fiebres por los cuidados recibidos en casa por su familia, ella le contaba a su madre, que en su delirio, pudo ver alguna imagen supuestamente satánica, una figura grotesca que se burlaba de su dolor y la invitaba entregarse a tal esperpento, con la promesa que él de inmediato, le repondría la salud y no sólo eso, la llenaría de riquezas y dones para que pudiera seguir haciendo milagros y conservar su fama de milagrosa. Le dijo que, en otra ocasión, el inmundo la arrastro de su cama y la ´dejó caer en el suelo donde se revolcó de dolor hasta que la recogieron del piso y le limpiaron los golpes, raspones y magulladuras que su cuerpo presentaba. Otras noches, el espectro era un apuesto seductor que le ofrecía un paraíso colmado de riquezas de felicidad para ellos, con la única condición de que aceptara ser su esclava sexual.

Finalmente Verónica le rogó al padre Lalo que la ayudara, que no podía soportar más las tentaciones y agresiones satánicas que padecía. Recordó que él le había prevenido ya hacía unos meses antes de las tentaciones y agresiones de los demonios; le rogó que le ayudara; el padre asustado por las depresiones y los ataques que se multiplicaban constantemente a su protegida, pidió ayuda a sus superiores y estos acordaron llevar a la chica con un exorcista, a quien se le había conferido en Durango la tercera de las órdenes menores cuyo ministerio era precisamente exorcizar al demonio.

Los padres de Verónica y la comunidad a la que pertenecía la familia, se opusieron rotundamente a que se llevaran a Verónica y mucho menos, recibir al ministro religioso encargado de tales menesteres, argumentando que lo que su hija padecía era el excesivo esfuerzo realizado por ella, por tener que entrevistar y tratar a demasiada gente enferma, los que sin lugar a dudas, le habían contagiado algún mal. Se negaban absolutamente a aceptar que la chica estuviese poseída por algún espíritu inmundo, a pesar de que ellos, habían sido testigos presenciales de los supuestos ataques del maligno. Pero las razones de la familia palidecían al ver que los enfermos seguían llegando y reclamaban entrevistarse con la Santita.

Para remediar tal mal, a sugerencia de un prelado de la mitra, la trasladaron a un pequeño convento situado al sur del país, en los límites del estado de Jalisco y Zacatecas, donde las religiosas la ayudarían a reponerse. Propuesta que fue aceptada por los padres de la chica con la única condición que solamente la familia conociera el destino de su hija, y que por ningún motivo se revelara su capacidad de curar personas en ese monasterio ni en algún otro, ni en iglesia alguna.

Así fue como Verónica llegó discretamente al monasterio de la Hacienda La Purísima. Para ella eso era una bendición en su vida, pues fue muy bien acogida por las religiosas que, con excepción de la madre superiora, ignoraban sus antecedentes milagrosos. Rápidamente se recuperó físicamente y moralmente se reforzó su fe. No hubo más curaciones prodigiosas, ella al poco tiempo de estar viviendo en la congregación, manifestó sus deseos de profesar como religiosa de la Caridad, orden a la que pertenecían las monjas que habitaban tal convento, por lo que fue aceptada como novicia.

La vida de Verónica cambió, la oración y los menesteres sencillos que debía de cumplir le agradaban mucho, trabajaba en la huerta y ayudaba a la atención física de los peones y mineros que eventualmente llegaban con algunas heridas y veía con gusto a chamacos de por ahí, que en su constante corretear sufrían caídas. Le agradaba mucho la cocina y hacer las galletas que el convento producía para ayudar en su sostenimiento.

A los pocos meses de su claustro, ya lucía el hábito rosa y blanco de las novicias y era sin duda una de las más decididas a profesar y dedicar su vida al servicio de Dios, en la orden de las hermanas de la Caridad.

Finalmente recuperó su alegría de vivir, y decidió previo permiso de sus padres, quedarse a habitar en el monasterio y si Dios lo permitía, profesar como religiosa de las hermanas tal congregación, mismas que eran muy apreciadas en la región.

Su belleza reapareció, su semblante y sus ojos verdes eran brillantes esmeraldas que cautivaban a quien se viera en ellos. Las oraciones que ella realizaba en secreto en su celda, nadie las pudo observar nunca, se contaban entre las monjas que a veces salían luces de su ventana, resplandores luminosos y se escuchaban cantos celestiales.

El padre Anselmo.

Una tarde airosa y polvorienta, casi ya para ponerse el sol, llegó hasta la casa de la hacienda para pedir la visita del médico, la esposa de Simón, un viejo peón que durante años había servido a Doña Margarita, desde que la familia de ella, vivía en Zacatecas con el padre de Doña Ángela, y a la muerte de éste, se vino a vivir con las mujeres a la Purísima.

Ángel acudió a visitar a Simón y le encontró una fractura de cráneo ocasionada por la patada de un mulo, que según le dijeron se había lastimado la pata con una astilla y cuando el hombre lo quiso ayudar, el animal se espantó y pateó al trabajador. La herida era tan grave que el propio Ángel solicitó a la esposa del herido que alguien fuera por el padre Anselmo para que lo auxiliara espiritualmente. Al poco tiempo llegó el sacerdote, y de inmediato procedió a darle los santos óleos al herido. En ese instante el hombre que había permanecido inconsciente por más de tres horas, tuvo un espasmo de conciencia y casi gritando con la poca voz que le quedaba, le dijo al sacerdote que él había quemado la ropa de Diego, manchada por la sangre de la niña Luisa y que Doña Ángela lo había visto cuando Diego le dio la ropa y le ordenó que la quemara.

Después- siguió diciendo el agonizante "no dije nada a nadie, porque el amo de la hacienda me había amenazado en arrojarme a la calle a mí y a mi mujer si abría la boca". Pero ahora estaba seguro, que la coz del animal, era el castigo que el cielo le mandaba por haberse quedado callado de esa historia.

Aquella revelación del moribundo al sacerdote, y de la que sin querer Ángel fue testigo, le confirmó a éste lo que sus corazonadas le decían desde hace tiempo. Sin embargo se quedó ahí en silencio, goteando un sudor helado por la espalda, no se movió de su sitio hasta que el buen hombre expiró y él como médico, le cerró los ojos, una vez que el padre Anselmo terminó de sus oraciones y sacramentos cristianos.

El padre Anselmo, salió junto con el médico unos momentos después y se fueron caminando en silencio; finalmente el sacerdote rompió tal mutismo; le dijo a su compañero de camino, que lo que ambos habían escuchado no era un secreto de confesión. Al contrario era desahogo de conciencia del ahora difunto. Lo gritado ante ellos y la esposa ahí presente.

Ángel, aunque escuchaba al cura, se mantenía ensimismado, atolondrado; su pensamiento volaba al lado de su madre sumida en la depresión; que se consumía día a día, ahora entendía a su abuela al encerrarse y hablar con el nieto culpable de tal vileza; sin embargo, seguía sin entender cómo se lo habían ocultado a él un miembro de la familia. Seguramente pensó, porque ya sabían las mujeres que él, no toleraría ser encubridor de tal felonía. Ahora le hervía la sangre por dentro y, sin embargo, a pesar de la insinuación del cura que él no tenía que guardar el secreto de confesión, no quería decir nada a nadie, porque este simple hecho, lastimaría muy hondo a las dos mujeres más amadas por él, su madre y su abuela.

El cura le sugirió guardaran la calma y no se comentara nada de este hecho a nadie; después lo hablarían los dos con serenidad y tomarían una decisión, pues, la historia de las ropas manchadas de sangre y la incineración de las mismas, no significaba realmente que Diego hubiera sido culpable. Tal aseveración contrarío a Ángel, de inmediato se dio cuenta que el sacerdote no tenía la menor intención de enemistarse con Diego y, mucho menos con Doña Ángela del Prado, ni tampoco con la abuela Margarita Bonfil, ellas sin lugar a dudas, personificaban una parte eminente de su feligresía por su prestigio de damas humanas, piadosas y caritativas, siendo ésta última virtud la más apreciada por el sacerdote, sin olvidar tampoco su convicción cristiana. Amén de las temibles consecuencias que podrían desatarse por parte del inculpado al enterarse que sería acusado por su mismo hermano, además de un decrépito, enfermo, y humilde anciano presbítero, aparentemente basados en la confesión delirante de un vetusto moribundo. Además nadie le dijo de quien era la sangre que manchaba la ropa que quemó.

Contemplado de esta forma, lo mejor sería guardar silencio, ya después lo podrían hablar con calma y tomar entonces una decisión pensada; así lo expresó el angustiado párroco.

Sin embargo Ángel no aguantaba la idea de guardar silencio, de permitir el fluir de la vida en su monótono devenir mientras Diego, pasea tan tranquilo mirando como su madre, se ahoga con la pena de estar al tanto que en su casa, hay un asesino y violador: su propio hijo mayor.

Estas reflexiones provocaban en Ángel una turbulencia emocional que le reventaba las arterias y aturdía profundamente los sentidos. Se le nublaba la vista, quería huir, escapar de esa borrasca sin importarle nada, pero, ante la sola idea de desaparecer, su mente le trajo de inmediato la dulce imagen de Verónica, con el hábito blanco de novicia, su sonrisa de cristal y la mirada colmada de ternura, deseosa de profesar. Ahora su pulso se aceleraba.

La rostro seco e impactante de su madre sentada en la silla mecedora y negándose a dejar la habitación ni siquiera para comer, le atormentaba a todas horas. Ahora ya asentía como culpable de tal situación a su hermano, por sus comportamientos vulgares, despiadados, cínicos y descarados además de su desfachatez.

Cuando Ángel llegó a la hacienda fue hasta donde se encontraba su hermano estaba sentado en aquel sillón que fuera del padre de ambos, igual que siempre, acompañado de una copa de tequila en la mano y un cigarro prendido en los labios.

Al entrar el médico al despacho, Diego levantó la mirada y se le quedó viendo con la típica sonrisa desvergonzada que usaba cotidianamente al realizar sus fechorías, con sarcasmo marcado y en tono de burla le preguntó:

- ¿Se te apareció el diablo?
- ¡El propio diablo eres tú!

Y sin más le gritó que ya sabía que el causante de la violación de Luisa y la muerte del borrachín era precisamente él, su propio hermano.

Éste se puso de pie y sin quitarse el cigarro de los labios le respondió:

- Hermanito no te metas en mi vida.

Le dio un empellón que le hizo caer. Se levantó muy airado y quiso golpear a su hermano, éste le detuvo el brazo y le repitió a grito pelado y amenazante:

- No te metas conmigo, porque te arrepientes, imbécil, ¡lárgate de aquí y ve a ver a tus pinches monjas!

Ángel salió de la habitación bañado en lágrimas de rabia, fue al establo y sin pensarlo se montó en el primer caballo que estaba ensillado, ante la mirada atónita de Filemón, quien le gritaba que "ese caballo es del patrón y nadie más lo puede montar". Sin hacerle caso alguno Ángel salió en a galope tendido fuera de la hacienda.

Filemón fue de inmediato a decirle al patrón "su hermano se ha llevado su caballo preferido", lo que obviamente, lo puso furioso. Sin decir más, salió en busca de un potro al establo y montando en una yegua, marchó a carrera en persecución de su consanguíneo. La potranca tenía el freno enjaezado, pero no estaba ensillada, y sin embargo por la pericia y capacidad del jinete, obedecía la rienda respondiendo con brío y velocidad, perdiéndose en la oscuridad de la noche.

El menor de los hermanos, había escapado montando el más brioso corcel de la hacienda. El potro se mostraba inquieto por la mano suave de su jinete; lo que manifestaba a través de su nervioso relincho, pero Ángel que si bien es cierto no era tan buen jinete como su hermano, también de chico pasó muchas horas en el lomo de algunos potros, por lo que pudo correr a galope en ese alazán.

Cabalgando desenfrenadamente hacía el cerro subió hasta el risco desde donde se veía el valle en el que se asentaba la hacienda La Purísima. Ahí apeó del caballo lo ató al arbusto, sentándose en una roca al borde del barranco, para rumiar su ira y frustración, sus sentimientos lo hacían llorar, sumido en la tristeza, gritaba de rabia. Casi delirando aparecía en su mente el rostro de Verónica que se proyectaba en el cielo estrellado y entonces; sentía amor profundo. De inmediato, surgía la imagen diabólica de su hermano quién reía a carcajadas de sus fechorías. Entonces el pecho le hervía de furia, pero a tal imagen, le sucedía la de la madre de ambos, que se secaba en vida, percibía los ojos suplicantes, desorbitados, angustiados de la buena mujer en lontananza sobre el cielo azul tachonado de estrellas.

El joven, ya para entonces, ardía en fiebre y su corazón latía con fuerza, los labios se le habían secado y su cuerpo temblaba de pies a cabeza. No tenía control de sí mismo.

Diego rabioso siguió el rastro de su caballo, pronto distinguió a la luz de la luna, la imagen de su penco. Consiguió distinguir a su hermano sentado en la roca del risco. Sin hacer ruido, llevando a la yegua asida de la rienda con la mano izquierda, llegó hasta donde Ángel temblaba de llanto y de rabia.

Diego, discretamente, se detuvo detrás de su consanguíneo. Cuando éste percibió su presencia, volvió la cara para verlo. Entonces, recibió en plena cara, la descarga brutal de una patada que le hizo perder el equilibrio y rodar por la pendiente del risco hasta el fondo de la barranca donde quedó tendido con los brazos abiertos y las piernas dobladas. Algunas piedras lo acompañaron en su viaje fatal, el hombre ni siquiera pudo gritar. Diego, se quedó inmóvil, tenso, jadeando, esperando, aguardando, observando; su respiración estaba muy alterada, de sus ojos salían destellos de odio.

Cuando al fin comprobó que el cuerpo de Ángel estaba inerte al fondo del desfiladero, soltó el caballo que estaba amarrado al arbusto y dándole un fuetazo lo azuzó para que saliera en espantada.

Después montó a la yegua, y muy despacio se fue por la vereda, para tranquilizarse y pensar una coartada. Llegó ya sereno a la cantina del poblado, donde tranquilamente se sentó y ordenó un tequila. Con discreción le rogó a alguien de su confianza, que buscara a Filemón, que deseaba verlo de inmediato, por lo que de inmediato salieron en su busca.

Unos minutos después lo tuvo enfrente, le habló bajito y sin aspavientos. Le dijo dónde estaba el cuerpo de su hermano, le ordenó que fuera a la cañada y se asegurara que el accidente sufrido por Ángel al caer del caballo, resultara fatal. Filemón salió presto para cumplir la orden. Después, Diego pidió la música del mariachi y convidó a los parroquianos varias rondas de tequila con canciones.

En tanto el caballo que se había llevado Ángel, llegaba corriendo desbocado a la hacienda agitado y sudoroso, todos se alarmaron por la ausencia del jinete, se hacían cruces que nada malo hubiera sucedido al joven hacendado.

Mientras tanto, Filemón, con sigilo, bajó hasta el sitio exacto donde estaba el cuerpo del médico. La verdad es que nada había que hacer, el joven estaba en medio de un charco de sangre con la cabeza rota, al tocarle le frente Filemón, pudo percatarse del frío cadavérico de la piel, el cadáver tenía los ojos abiertos y la boca también, como para emitir un grito que nunca surgió. Filemón se dio cuenta que la muerte de Ángel fue inmediata, ya que no había indicios que se hubiera movido del sitio en que cayó. Le cerró los ojos, se descubrió y se persignó frente al cadáver.

Entonces, pasando desapercibido regresó a la cantina. Le dijo al amo que había cumplido con su mandado; que todo estaba como lo había ordenado.

Diego, entonces, invitó otra ronda de tequila y por ello fue aclamado por los parroquianos. El mariachi entono una alegre diana y todos festejaron al patrón.

Mientras todo esto sucedía, en la hacienda los peones se organizaban para formar cuadrillas con antorchas y salir en búsqueda del joven médico que seguramente, se había caído del caballo, ya que ese jamelgo en verdad, nadie lo podía dominar más que el amo, por lo que había sido una osadía de parte de Ángel montarse en tal penco.

Pasadas las tres de la mañana retornaron varios trabajadores con el cuerpo de Ángel envuelto en un sarape, las caras largas y afligidas de los hombres expresaban la pena, el dolor y la pesadumbre por tan lamentable acontecimiento, todos comentaban que había sido el caballo que le había tirado cuando imprudentemente el joven se había acercado al riscó y el animal se rehusó a obedecer al jinete ante la cercanía de la cañada o quizás por la presencia de algún coyote, que por las noches abundan por esos lares.

La abuela fue avisada. De inmediato dio órdenes para que fueran a buscar a Diego, al que encontraron en medio de una buena francachela, acompañado de varias damiselas muy pintadas, además de un montón amigos ocasionales que disfrutaban de los convites del hacendado, y que con seguridad, si lo llegara éste a necesitar, jurarían que estuvieron con Don Diego desde muchas horas atrás.

Cuando los emisarios de la abuela llegaron al lugar y le dieron la noticia de la muerte de su hermano, puso cara de incrédulo, despidió a todos de inmediato y sin decir nada más, a galope tendido llegó hasta la hacienda. Cuando entró lo recibió su abuela, la que le platicó todos los acontecimientos que sucedieron horas antes, y le dijo no haber informado aún de tal desgracia a su hija, esperando hablar con él para que entre ambos, decidieran quien le daría la noticia a su madre, sobre el accidente sufrido por Ángel aquella funesta noche.

Le dijo a Diego como habían lavado el cuerpo de su hermano, en tanto el padre Anselmo le estaba dando ahorita mismo la bendición con los santos óleos y rezando un responso por el eterno descanso de su alma. Todos en la hacienda estaban desolados y sin lugar a dudas es la peor desgracia que nos pudo pasar, terminó diciendo la abuela. Diego se mostraba firme y serio.

Finalmente la anciana le dio la fatal noticia a su hija sobre la muerte accidental de Ángel
. Doña Ángela, se quedó aturdida, fundida como estatua de bronce, fría y vacía por dentro.

La madre nunca más expresó palabra alguna enmudeció, sus ojos no derramaron ninguna lágrima; tampoco aceptaba consuelo de nadie. Dos hermanas del convento, la acompañaban, no se separaban de su lado y prácticamente la obligaban a que aceptara unas cuantas cucharadas de caldo de pollo. Ella se negó a ver el cuerpo de su hijo; se refugió en su habitación, y no permitió jamás la entrada de nadie, que no fuera Guadalupe, su ama de llaves, compañera servidora, de toda su vida.

Las exequias para velar y sepultar al joven médico, fueron organizadas y patrocinadas por las monjas del convento que se hallaban abatidas por tal desgracia. La hermana Verónica, no cesaba de llorar; no quiso separarse del féretro que contenía el cuerpo de Ángel.

Diego se vistió de negro, estuvo presente en todo momento frente al féretro de su hermano, sin expresar palabra, llamándole la atención a él dos cosas, primero, la belleza de la novicia y su notoria aflicción por la muerte del médico y la segunda, la actitud del padre Anselmo, el que perdió su fastidiosa zalamería y supuesto optimismo, para transformarse en un hombre esquivo, callado al que apenas se le entendía las palabras que expresaba, cuyos ojos ya no se levantaban del piso al caminar arrastrando los pies.

Ángel fue ataviado de blanco para su funeral. Lo velaron en lo que fue la biblioteca de su padre. La abuela asumió el encargo de recibir los pésames de amigos y familiares. La madre del difunto no habló con nadie. El cuerpo fue sepultado en la cripta familiar al lado del padre y del abuelo. Todo el pueblo formó largas colas para rendir homenaje al menor de los Montalbán, una gran lluvia de flores que la gente llevaba adornó la cripta y la iglesia donde el padre Anselmo, no ocultó su pesar, oficiando la misa de cuerpo presente.

El clérigo no podía quitarse de la cabeza, que el accidente donde murió el médico, quizá tuvo relación con la confesión de Simón, la que Ángel escuchó como testigo involuntario.

Después de tan infortunados acontecimientos la vida en la hacienda perdió su brillo. Día a día morían en el abandono y el olvido los canarios que antes brincoteaban en las jaulas colgadas en cada pilar de la arcada que rodeaba al gran patio central, donde no hacía mucho tiempo se había dado la gran fiesta para recibir al flamante médico, que ahora, yacía sepultado en el panteón de la parroquia.

Mientras Doña Ángela se consumía a cada minuto, enjutando su cuerpo hasta convertirlo en un pequeño bulto de pellejos y huesos viejos que una mañana amaneció sin vida en su cama, para alcanzar en el más allá a su esposo y al hijo tan amado, llevándose a la tumba la pena de saber que uno de sus hijos, había deshonrado la tradición de buena ventura que había precedido a la dinastía de los Montalbán, desde hacía varias generaciones.

En el velorio y el sepelio de la dama de gran prestigio en toda la comunidad, nuevamente apareció con cuidadoso sigilo, la grácil figura de la novicia de los ojos verdes. Diego, no quitó la vista un solo instante, hasta que ella lo notó, turbándose de inmediato, así que con mucha discreción, sin hacer eco de nada, se evaporó para regresar al convento.

Con tan dolorosos sucesos, Verónica se vio muy triste, además tampoco pudo lograr que Luisa se recuperara totalmente, la niña regresó a su casa y jamás volvió al dispensario.

La novicia perdió mucho de su alegría, constantemente se presentaba en el panteón y depositaba flores en la tumba de Ángel Montalbán, él estaba en sus intenciones en la oración de todas las noches, la que se rociaba con su llanto, rogándole al creador por el eterno descanso de Ángel Montalbán y la madre de éste Doña Ángela, implorando además consuelo para sí misma.

El Diablo.

La hacienda lucía desolada, Diego apenas aparecía para comer con la abuela. Ella ya no le reprendía ni le increpaba sus tropelías, sólo cuidaba de las tumbas de la hija y del nieto, esperando, resignada, el paso del tiempo sin mostrar sentimiento alguno. Ahora la soledad era compañera perpetua, siempre atendida en silencio por la sempiterna Lucrecia, la esposa de Simón, el fiel criado zacatecano, que, moribundo, narró al párroco la historia fortuita de la ropa ensangrentada de Diego.

El patrón se endurecía día a día, explotaba a más no poder a su gente. Todo había cambiado en su vida y sus caprichos y órdenes no podían desobedecerse so pena de sufrir la represalia iracunda de ira e insultos. Ahora vivía obsesionado por los ojos verdes de la novicia que no volvió a ver desde el sepelio de Doña Ángela, así que imaginó una manera de llegar a ella. La deseaba y nada ni nadie le impedirían poseerla, la anhelaba con ardor.

Una mañana, sin ningún aviso para nadie, ordenó que se cerrara el paso del agua que surtía al convento. En minutos las monjas y los enfermos quedaron privados del vital líquido, que era imprescindible para la atención y el aseo de los internados, además de bebida para los animales y del riego de las huertas, por lo que en unos cuantos días la situación se hizo crítica en el monasterio, entonces la superiora, la Madre Ma. De la Luz, fue y se enfrentó al amo de la hacienda, quien tranquilamente le dijo:

- No habrá una gota más de agua para nadie, mientras no venga a pasar una noche entera conmigo la novicia de los ojos verdes.

La superiora se quedó petrificada, no daba crédito a lo que escuchaba. Se convenció que ese hombre era el mismísimo diablo y aterrada salió del casco rumbo a su convento, sin comentar la respuesta del hacendado con nadie.

Conforme pasaban los días, la situación dentro del monasterio se tornó cada vez más crítica. Apenas podían atender a algunos enfermos con las cargas de agua que transportaban con burros desde el río, así que, desesperadas, algunas monjas querían hacer algo por remediar la crítica situación. A la cuarta noche de sequía, una de ellas se aventuró y fue hasta donde estaba bloqueado el acueducto que durante años había dado agua al convento y con muchos trabajos destrabó la pequeña compuerta permitiendo el paso libre del cristalino líquido..

Al día siguiente, cuando el amo de la hacienda se enteró de tal suceso, ardió en rabia y con maldiciones ordenó que nuevamente fuera bloqueado el acueducto. Además, decidió que por las noches estuvieran algunos peones prestos a descubrir si alguien se acercaba al canal, y que atraparan a quien se atreviera a contradecir su orden y lo castigaran, sin importar de quien se tratara.

A la tercera noche de estar vigilando, se apareció de nuevo sigilosamente en la boca del acueducto Sor Constanza, quería desbloquear nuevamente la compuerta para permitir el paso del agua. En eso estaba, cuando emergieron embozados, tres peones del amo comandados por Filemón, quienes con extrema violencia e insultos, agarraron y ataron a la monja. Sin más la arrastraron con sus caballos hasta una encina que estaba frente al convento, ahí, le amarraron las manos atrás con un cáñamo y de inmediato con una reata, la colgaron del cuello desde una rama alta de la encina. La monja mostró los estertores de la asfixia y finalmente murió en medio de una terrible agonía.

Muy temprano, las monjas del convento se paralizaron de miedo, cuando una mujer les tocó a la puerta y les dijo que el cuerpo de una hermana religiosa estaba pendiente de una rama de la encina. El cadáver mostraba las huellas de que había sido arrastrado desde el río hasta ese sitio donde fue asesinada. Con muchos trabajos y ayuda de dos peones, lograron bajar a la hermana sacrificada, para limpiarla y que, aunque tardíos, recibió del sacerdote los santos óleos.

A la mañana del siguiente día, Sor Constanza fue enterrada con discreción al fondo de la huerta del convento, a un lado de la capilla después de una misa de cuerpo presente. La gente menuda se hacía cruces de lo que estaba pasando, asegurando que el mismo diablo andaba suelto.

La noticia del crimen horrorizó a la comarca entera y se dijo que indudablemente era obra del satanás, que nadie de por ahí podría cometer un acto tan horripilante. Cuando Sor Constanza, fue llevada a la iglesia para la misa, se apareció Diego, ya que sabía que ahí estaría la novicia que lo tenía trastornando. Y sí, ahí estaba ella, compungida y muy triste por tal acontecimiento. El hacendado, se paró detrás de ella y, cuando Verónica lo notó, quiso huir. Él la tomo de la muñeca y le dijo despacito...

- Recuérdale a la madre superiora que sólo tú puedes abrir la compuerta del agua, únicamente tienes que pasar una noche conmigo y el agua llegará como antes, fluirá como fuente.

La Madre Ma. De la Luz vio al amo de la hacienda jalonear a la novicia y, llegando hasta donde estaban le gritó:

- ¡Insolente, como se atreve!

Diego, soltó la carcajada y le dijo:

- Una noche, madre, no es mucho. Una noche.

Y en medio de su risa se retiró del lugar.

El tipo ya estaba obsesionado con la joven novicia, así que sin importarle lo que la gente decía, y sin hacer caso a las amenazas de condenación eterna, que desde el altar sentenció el decrépito sacerdote Anselmo. Quien ahora vivía atormentado con sus remordimientos, porque además, como siempre, sin tener ninguna prueba, sospechaba, que la muerte de Ángel no había sido un accidente y, mucho menos, creía que la monja ahorcada, la pasada noche, hubiera sido asesinada por cuatreros, como se quiso hacer creer a la gente del pueblo. Sabía que detrás de tales felonías, estaba el mismo homicida que ya debía varias vidas y violaciones.

Por la noche la madre superiora, habló despacio con Verónica, quien estaba espantada y deseaba morirse; deseo que ya antes había manifestado alguna vez, precisamente cuando regresó al convento después de haber sepultado al doctor Ángel, pidiéndole a la madre superiora que acelerara los trámites ante la mitra para ella poder profesar sus votos cuanto antes.

La abadesa llegó a la conclusión que quizá la novicia se había enamorado del difunto médico y, ahora por la decepción, deseaba recluirse para siempre en la orden de las Hermanas de la Caridad, por lo que después de consultarlo con el capellán del convento, habían decidido, hacerla esperar un tiempo prudente, para permitir que la tristeza de la joven se disipara a través de la oración y el sacrificio. La noticia mortificó a Verónica, pero obediente la acató, sin discutir.

Después del encuentro con Diego, durante la misa de réquiem de la monja ahorcada, la novicia escuchó los consejos de la superiora. Con respeto y recato, le rogó su protección ante la amenaza del chacal de la Purísima, a lo que su guía espiritual le respondió que no perdiera la fe en Dios y que sería precisamente Él, en su infinita bondad, quien le protegería de éste y de todos los peligros que tendría que afrontar en su vida como religiosa. Así, reconfortada por el cariño recibido, la joven se confinó en su celda para implorar a Dios su amparo y asistencia, con la fe que de su alma emanaba.

Ante la escasez de agua, algunas monjas se aventuraban a ir en busca del valioso líquido a sitios peligrosos. Para ello, se protegían en oscuridad de la noche, ya que si lo hacían durante el día y eran sorprendidas por los hombres del amo, las acosaban con los caballos, hasta que se caían y rompían las múcuras de barro, las insultaban y constantemente se burlaban de ellas, poniéndoles apodos, gritándoles insultos vulgares.

Una noche, mientras todas las habitantes del convento dormían, la madre Ausencia encargada de la cocina, salió y bajó hasta el río que corría en el fondo de la cañada, para buscar agua; cuando ella venía subiendo la colina de regreso cargando un gran cántaro con agua, fue sorprendida por Diego y Filemón. Ambos venían a caballo y se mostraban ya bastante tomados, apenas vieron a la religiosa, la emperezaron a acorralar con los pencos hasta que la mujer rodó hacía el fondo de la cañada donde corría el río con todo y su recipiente cargado de agua, quedando tirada en medio del riachuelo. Entonces Diego con saña inusitada, le pasó por encima con su potro varias veces. Ella para entonces ya sangraba profusamente por diversas heridas en la cabeza y los brazos lacerados al quererse proteger.

Al verla herida y sofocada, los dos hombres comentaron que la monja posiblemente los hubiera identificado, por lo que decidieron que lo mejor sería acabar con ella para siempre y, con esto, evitar que fuera a denunciarlos.

En eso estaban cuando se percataron de la presencia de una manada de coyotes que bajaba a tomar agua. Eso les facilitó terminar con la vida de aquella mujer, sin que nadie siquiera pudiera suponer que ellos, habían tenido algo que ver. Estaban seguros que ante el olor de la sangre, los coyotes acometerían contra el cuerpo indefenso de la mujer herida, lo que efectivamente sucedió, sin que la monja, pudiera protegerse. Diego y Filemón presenciaron muy tranquilos el tétrico espectáculo a prudente distancia, para estar seguros que los seis o siete coyotes culminaran la obra que ellos habían iniciado.

El banquete para las fieras fue grande, desgarraban las vestiduras y atacaban con fiereza las partes blandas del cuerpo inerte, desparramando las entrañas del cadáver a la vera del río y peleando entre ellos por las mejores vísceras. El mórbido espectáculo parecía fascinarle a Diego, sus ojos chispeaban, sudaba copiosamente a pesar del viento frío que corría en esos momentos por la cañada. Finalmente espoleó su caballo y a galope tendido llegó a la Purísima, seguido por su cómplice, para festejar en la hacienda con libaciones de tequila a sus "amigos coyotes", que les habían hecho un gran favor, al desaparecer cualquier prueba de su culpabilidad en el crimen de esa noche, al destrozar el cuerpo de la mujer que temerariamente se metió al río.

Esta era una nueva desgracia para las hermanas del convento. Todo mundo lo pensaba así, sin que nadie pudiera siquiera sospechar que había sido un crimen del diablo.

Por la mañana del día siguiente la gente hablaba de un ataque de coyotes, algo bastante común por esos tiempos en aquella región. Todo esto apesadumbró aún mucho más la vida de la congregación, la que ya sufría la crisis por la falta de agua. Los pocos enfermos que había, empeoraban por el deterioro de higiene y corría el peligro de una epidemia. Podíase ver a simple vista, como las huertas se secaban y se escuchaba toda la noche, a las vacas mugir lastimosamente de sed.

Tal panorama exasperó a Verónica, la que le suplicó a la madre superiora le permitiera ir al encuentro con el patrón de la hacienda para cumplir la apetencia libidinosa de ese hombre, ya que era preferible el sacrificio de una sola persona, ella, que la muerte de los pacientes, los animales, las huertas y la vida de la propia hermandad en ese lugar.

La abadesa se negaba recalcitrantemente. Sin embargo, la novicia, estaba resuelta a ir con o sin su anuencia, ya que no deseaba ser ella, la causa del dolor de tanta gente. Contando, como le había dicho una vez, con la protección infinita de Dios; estaba decidida a ir. La superiora no pudo más; lo dejó a su libre arbitrio.

Así, al atardecer del día siguiente, Verónica salió decidida hacía la hacienda de la Purísima, para ir al encuentro con Diego. Caminaba decidida y su cuerpo dejaba a su paso un aroma de jazmines y flores frescas. Llegando allá, poco más o menos al ocaso del día, cuando las sombras invadían los campos al ocultarse el sol tras las montañas. Su rostro escapando de su cofia aparecía adusto, serio, sin la sonrisa que siempre lo adornaba. Sin embargo, se veía sublime, la piel parecía de porcelana y sus bellos ojos verdes reflejaban destellos de esmeraldas.

Al llegar a la hacienda la casona parecía desolada, tétrica, un viento helado recorría los portales oscuros, las flores que siempre adornaban y le daban vida a ese sitio, se habían marchitado, las jaulas de los canarios estaban abandonadas desde hacía tiempo. Apenas una débil luz salía de las habitaciones de la abuela que, sentada en su mecedora, veía pasar en silencio, los días y las noches en un mutismo marmoleo en espera de la muerte.

En medio de las sombras, ahí recargado sobre un muro estaba el amo; silencioso, tranquilo. La braza ardiente del cigarro de hoja se atizaba a momentos cuando el hombre aspiraba por la boca el humo del tabaco quemado, exhalando la bocanada acompañada de vaho que se condensaba en aire por el frío reinante. Simplemente esperando y aguardando en silencio. Diego observaba el andar resuelto de la novicia cuyos vuelos del hábito blanco, le proveían un aire extático y angelical que matizaba la rosa mística bordada en rojo, que ataviaba el frente de la vestidura talar. Al estar delante del hombre éste le espetó en la cara

- ¡Qué quieres aquí!
- Agua para el convento- contestó la mujer sin mostrar recato alguno.
- ¿A cambio de qué? – refutó el tipo.
- De lo que usted quiera.

Estas últimas palabras dejaron vislumbrar incuestionable aprensión por parte de la joven que, a pesar de ello, seguía decidida a llegar hasta donde fuera necesario para obtener el agua que tanta falta le hacía a sus enfermos y a las hermanas que los procuraban, a más del ganado y las huertas que proveían el alimento y subsistencia para ellas.

Ahora la novicia temblaba le retumbaba el corazón respiraba con dificultad, se ahogaba.

Diego, lanzó el cigarro a lo lejos y se acercó amenazante. Ella permaneció inmóvil, pudo percibir el aliento obsceno a licor y tabaco que emanaba de ese hombre para ella repugnante. Sin embargo, no externó nada, sentía que su corazón latía como queriendo salir de su pecho. Permaneció en silencio frente a un hombre notoriamente más alto y fuerte que ella, ambos mantenían la mirada dura.

Los ojos verdes de ella se anegaban de llanto, no obstante, permaneció estoica a pesar que su respiración se entorpecía cada vez más y un agudo dolor penetraba en su vientre. No podía comprender que éste engendro del demonio, pudiera ser hermano de hombre que ella amaba tanto.

El hacendado la tomó de la muñeca y la jaló despacio hasta su alcoba, ella se dejó trasladar por él y no puso la menor resistencia. Entraron a la habitación, Verónica se quedó inmóvil en el sitio donde la dejó, al centro del cuarto.

Él encendió una lámpara y puso algunos leños a la chimenea que centelleaban al ser abrazados por la lumbre, después, liberó el cinto con la pistola y lo puso sobre la mesa con mucho cuidado. Se arrancó despacio la camisa con un gesto aparatoso, dejando al descubierto el pectoral moreno y musculoso. Caminando lentamente, paró frente a la mujer, sonriendo fue quitándole con cierto comedimiento la cofia que ocultaba el pelo corto de ella, que brotó como resplandor de color caoba. La belleza de la chica, lució más ante la libre presencia de su cabello, él, le acarició la melena y quiso besarla. En ese momento ella interpuso la mano entre las dos bocas y le dijo…

- ¿Va a permitir el paso del agua?
- ¡Soy un hombre de palabra!

Diciendo esto, besó a la novicia que no ofreció resistencia alguna, pero tampoco exhibió ningún sentimiento. Él se sintió despechado por la nula respuesta de ella, por lo que dándole la espalda fue por la botella de tequila y un cigarro, que encendió con una candela de la chimenea. Le dio una larga bocanada y, expulsando el humo en la cara de la monja, a continuación, bebió un larguísimo trago de licor.

A todo momento, él la veía con lujuria, daba vueltas desnudándola con la mirada y dando rienda suelta a todos sus lascivos pensamientos. Mientras, ella permanecía en silencio de pie, ahí, precisamente donde él la había dejado.

Varios minutos duró este preludio excitable. A cada instante, él sentía que la cabeza le daba de vueltas y estaba a punto de reventarle. Ansiaba arrancarle la vestidura talar y poseerla con toda la fiereza de la que él era capaz; fueron muchas noches de soñar a esta mujer en su cama. A varias prostitutas imaginariamente les plantó ese rostro único de belleza sin igual; otras veces, las obligó a que se pusieran el zagal de religiosa, para después desgarrarles las ropas e insultarlas. Pirujas que acataban en silencio los apetitos y lujurias del comprador de sus cuerpos y voluntades, negociando su dignidad por unos cuantos pesos.

Ahora estaba presente frente a él, que, con sadismo inconmensurable, deseaba humillar la belleza de la novicia, pisotear ese rostro del que estaba seguro; su hermano se había enamorado tanto como él. Entonces los celos descargaban fuego en sus entrañas.

Temblaba y le daba más vueltas a la mujer. Ella no expresaba miedo, permanecía incólume, estoica, aunque con seguridad por dentro de su ser, se moría de pavor, ante la presencia de ese engendro diabólico del que la gente decía cosas terribles.

Ya la tenía ahí frente a él, indefensa y vencida, para ese momento, la masculinidad y virilidad de su cuerpo se manifestaba en plena ebullición. Deseaba arremeter lascivamente contra ella, sin embargo, alargaba el tiempo de la seducción con sádico morbo, para relamerse como bestia en celo alrededor de la hembra ansiada.

Ahora se imaginaba el color de los pezones y deseaba morderlos hasta hacerlos sangrar. Especulaba en el tamaño de los senos, sonreía al ver sus manos enormes y rudas que con seguridad los podrían apretar hasta reventarlos. Se conjeturaba de la abertura en medio de sus piernas y el vello púbico que la cubría. De la boca le escurrían intermitentes hilos de saliva espesa que él limpiaba con el dorso de la mano.

Bebía más tequila, se sentía cada vez más embriagado por el licor y del deseo que le tronaba las sienes y le abotagaba el cerebro en medio del lascivo esparcimiento. Disfrutaba y temblaba, mientras ella, veía al frente casi sin parpadear.

Sentado en un sillón frente a Verónica, despatarrado miraba y gozaba con cruel regocijo del sufrimiento emocional de la novicia, quien tiritaba de pies a cabeza mientras él se complacía de tal perversión y libaba tequila incesantemente.

En medio de este desenfreno se abrió el pantalón y dejo al descubierto su fálica masculinidad.

- ¡Encuérate!

Le gritó mientras él se masturbaba, al ver que ella se quedaba paralizada remachó la orden.

- ¡Encuérate, pendeja! ¡Rápido!

El insulto rechinó en los oídos de la mujer, que resuelta se encaminó hasta donde el individuo le amenazaba con fálica rigidez. Lo vio y decidió ir plena a su inmolación voluntaria, recordó a las monjas y los enfermos, y en ese momento, en su mente, como exhalación, apareció la imagen de Ángel, el ser que tanto amaba y a quien nunca le confesó su amor, que se extendía aún más allá de la vida y la muerte.

Diego, en ese momento sentía que había llegado a su máximo nivel de paroxismo y que no resistiría mucho sin saltar en pedazos, por lo que nuevamente le gritó ahora con más violencia el mismo insulto…

- ¡Encuérate pendeja!

En un santiamén, la monja se sacó la blanca túnica por la cabeza y quedó frente al hombre con el busto envuelto en una tela que lo aprisionaba; el tipo se levantó y divertido liberó los oprimidos pechos del lienzo que escondía la belleza tan deseada por él.

Ahora, se mostraban a sus ojos como hermosos capullos, los tocó y sin más le arrancó violentamente la última prenda de manta que resguardaba la intimidad de la virgen.

El hombre la cargó en sus brazos y la arrojó a su cama. Los zapatos de ella se perdieron en algún lugar del cuarto; con furia inusitada la violó, le mordió los labios hasta sangrarlos, con las manos le apretaba los senos con fuerza brutal, le mordió los pezones y la penetró desgarrando su virginidad humedecida por la sangre de su inocencia. Ella nunca pidió piedad, soportó su inmolación consciente.

Al momento en que el cuerpo de Verónica fue ultrajado, el bordo que impedía el paso del agua hacia el convento, se desmoronó en pedazos y el líquido hizo su recorrido hasta la fuente del convento tan estrepitosamente, que todas las monjas salieron a rodear la pileta que se llenaba del ansiado líquido. Levantaban los brazos al cielo por el milagro recibido. Solamente la madre superiora que guardaba silencio y lloraba adolorida por haber permitido a la novicia que acudiera a su inmolación, sabía la verdad del milagro.

Diego, agotado por aquel ataque sexual, estaba borracho de lujuria y tequila, jaló del brazo a Verónica y con el pie la aventó al piso, prendió un nuevo cigarro y se tiró en su cama despatarrado y desde ahí gritó.

-      ¡Lárgate!

Verónica como sonámbula, recogió algunas de sus ropas, no encontró los zapatos. Estaba demasiado lastimada y sangrante. Con un pedazo de manta secaba la sangre de los labios, de sus piernas las que estaban manchadas de semen y así, semidesnuda, descalza, salió caminando como flotando. De su cuerpo emanaba un halo luminoso, se fue por la calzada que llega del pueblo a la hacienda. Nunca nadie supo lo que ahí había padecido ella, porque nadie la vio con vida nunca más.

Diego exhausto después del abuso y abotagado por el tequila ingerido, prendió un cigarro, con él en la mano se tiró sobre la cama manchada de sangre virginal y pronto quedó dormido. No hubo pasado mucho tiempo para que la cobija de lana, se incendiara producto de la braza de cigarro que cayó de sus dedos al quedarse dormido.

El hombre alcanzó a darse cuenta de lo que pasaba en su habitación, las cortinas ardían y las vigas del techo las alcanzó el fuego. Quiso levantarse, sin embargo se quedó pasmado al ver en medio de las llamas que consumían su cama, la imagen ingenua y frágil de Lucero que le decía…"Llévame contigo".

Ya para ese entonces el fuego lo arrasaba todo, incluido a él, que, si bien consiguió escapar del infierno aquel, solamente lo hizo para terminar de calcinarse a la mitad del patio, cuando pretendía llegar a la fuente central de la casa, quedando sus restos carbonizados sobre el piso de cantera de la Hacienda la Purísima, que prácticamente quedó en ruinas, después de aquel incendio, salvándose unos cuantos cuartos que quedaron de refugio para la abuela.

A la mañana siguiente apenas al amanecer, en la puerta del convento, apareció el cuerpo mancillado, maltrecho, semidesnudo y sin vida de Verónica. Nadie supo quién la trajo hasta ahí. Porque nadie la vio jamás deambular por ningún camino aquella noche. Simplemente apareció muerta, donde ella deseaba llegar a morir, abandonando lo mundano y entregándose a lo supremo de su fe, después de aquella noche de terror, donde padeció su calvario

Para su funeral, Verónica fue ataviada con la corona de flores, esa que nunca pudo lucir en la ofrenda de sus votos. Aparecía embellecida con un vestido talar negro, en el que la rosa mística del pecho, cedía a la imagen de un corazón rematado en rosas rojas, mientras su alma virginal sobrevolaba al cielo, en sus manos aparecieron señales de estigmas como aquella noche en la montaña de Chihuahua, quizás para encontrarse con el amor que ella había ocultado y que nunca pudo confesar.

En un féretro blanco fue expuesto el cuerpo, mucha gente de las haciendas y de algunos lugares cercanos, le rindieron homenaje póstumo a la novicia de los ojos verdes. Muchos decían, que había muerto en olor de santidad.

Mientras en la gris atmósfera del panteón de los infames, la abuela Doña Margarita Bonfil, sepultaba al último de sus descendientes, en medio de la soledad hostil y del desprecio de la gente, no hubo lágrimas ni flores, ni tampoco alguna oración que escoltara a su nieto Diego a cumplir el encuentro con la eternidad. Filemón estuvo presente desde lejos, al término del sepelio, montó el caballo que había sido del patrón y nunca volteó atrás, perdiéndose en el horizonte.

Cuenta la gente de por allá, cierta leyenda: Dicen que por las noches en lo que queda del casco de la Hacienda La Purísima, deambulan almas en pena: La de dos jóvenes radiantes de juventud, ambos cubiertos de un halo blanco luminiscente derramando luz a su paso y aromas de jazmín. Detrás le siguen dos almas en pena. Un hombre recio y una chiquilla casi niña que sufren, envueltos en llamaradas, padeciendo un gran dolor, ambos se acompañan en el ígneo deambular. En tanto, la sobrecogedora figura vestida de negro y en llanto permanente, se aparece después; dicen que siempre llora por ellos y los sigue en este andar eterno, con maternal amor.

La abuela Margarita nunca más salió de la hacienda, rumiando sus recuerdos junto a la sirvienta, Lucrecia, siempre leal y fiel sentada a su lado, callada, enmudecida. Ambas viendo ponerse el sol todos los días, en espera que la noche, se apiade de ellas y en esa soledad, ya no encuentren un nuevo amanecer.

Semblanza

Jorge Alberto Quiroga Malo, es un escritor que mostró sus grandes cualidades y amor a la literatura desde muy pequeño. Contaba con apenas 4 ó 5 años y ya declamaba los más bellos poemas, inventaba y escribía comerciales, narraba historias a todo aquél que quisiera escucharle.

Es un ávido lector, siempre (y en verdad es muy difícil esta palabra) tiene un libro en sus manos; por decirlo de alguna manera, está enamorado de las letras, escribe todos los días, parece que éstas, las letras, son su mejor amante, pues lo acompañan en todo momento, es como si estuvieran cual mariposas, revoloteando a su rededor. A veces guarda grandes silencios que yo interpreto como una conexión con esa musa inspiradora que lo alienta a seguir a ser el Artesano de las Letras. Cuida con gran esmero y pulcritud, cada palabra, cada frase, cada párrafo, cual si fuera una hermosa sinfonía que quien la escucha, queda embelesado y cautivado.

Cuando está escribiendo, en el estudio, sólo se escucha el teclado de la computadora, en un ritmo armonizado, sereno, apacible, placentero, como si estuviera poniendo notas musicales en una hoja pautada.

En ésta su sexta novela, el autor ha entretejido una historia que desgarra el alma, quizá porque en su gran narrativa, permite a los lectores, abrir su imaginación, y encontrar una serie de sentimientos tales, que es prácticamente imposible dejar de leerle, pues en la novela Verónica de las flores, se perciben: el amor, el miedo, la angustia, la desesperación, la aflicción.

Así es Jorge Quiroga, un escritor que tiene la cualidad de manejar temas vigentes, de mover las fibras más hondas en sus personajes, donde como dije antes, cada párrafo tiene un brillo, un color de luz muy especial. Acompañado de sus grandes amantes: las letras, seguirá escribiendo siempre con el arte y la inspiración que lo acompaña.

Ana Lucía.

Otras Obras del Autor:

Novelas:

LUPE	2011
SEBASTIAN	2014
LA HORA NONA	2015
CULPABLE	2016
MIS SUEÑOS	2017

Dramaturgia:

ADRIANA	1970
EL MADERO	1968
LEYENDA	2008
ÁNGEL	2007